Weihnachtsgeschichten aus Sachsen

Herausgegeben
von
Gundel Paulsen

Husum

Umschlagbild: Fritz von Uhde, „Der Gang nach Bethlehem"
(Abdruck mit freundlicher Erlaubnis des Museums Wiesbaden)

Bibliografische Information Der Deutschen Bibliothek

Die Deutsche Bibliothek verzeichnet diese Publikation in der Deutschen
Nationalbibliografie; detaillierte bibliografische Daten sind im Internet
über http://dnb.ddb.de abrufbar.

3. Auflage 2004

© 1990 by Husum Druck- und Verlagsgesellschaft mbH u. Co. KG,
   Husum
Gesamtherstellung: Husum Druck- und Verlagsgesellschaft
Postfach 1480, D-25804 Husum - www.verlagsgruppe.de
ISBN 3-88042-526-4

O höchst-erwünschte Zeit!

Christian Weise

O höchst-erwünschte Zeit!
Frohlockt ihr Menschenkinder!
Das Heil besucht die Sünder;
Gott selbst ist Mensch geboren.
Nun wird kein Mensch verloren,
der sich des teuren Kindes freut.
O höchst-erwünschte Zeit!
Die Engel sind emsig im Loben und Singen
und lassen die fröhliche Zeitung erklingen.

O Tannenbaum, o Tannenbaum

Gerhard Prager

Von den Türmen der Stadt Leipzig läuten die Mittagsglocken. Eine graue, undurchdringliche Schneedämmerung füllt die Straßen und Plätze, so dicht ist der Flockenwirbel, der nun schon seit Tagen ununterbrochen niederstürmt. Die Sonne steht als blasse, mondhafte Scheibe am Himmel. Man muss lange suchen, bis man sie findet. Keine drei Schritte weit reicht der Blick.

Der Mann, der sich einen Weg durch den fast knietiefen Schnee bahnt, muss Acht geben, dass er nicht gegen einen Laternenpfahl oder einen abgestellten Karren stößt. Er ist sehr kurzsichtig. Er macht kleine, vorsichtige Schritte, wobei er ab und zu mit der seitwärts gestreckten Hand eine Mauer oder einen Gartenzaun abtastet. Vornübergebeugt, den Paletot hochgeschlagen, den Hut tief in der Stirn und das Kinn auf die Brust gesenkt, so schützt er sich notdürftig gegen das peitschende Schneetreiben.

Vor einem ansehnlichen, breiten Haus macht er Halt, klopft sich den Schnee von Brust und Schultern und drückt die Klinke eines hochbogigen Tores nieder. Zuvor aber noch krampft er den Mantelärmel über die Faust und wischt damit die Blindheit von einem winzigen Messingschild, das zuoberst einer langen Reihe größerer Schilder angebracht ist. Wer genau hinsieht, kann die Inschrift auf der kleinen Metalltafel entziffern. In schwarz ausgefüllter Gravur ist der Name Ernst Anschütz zu lesen, und darunter steht noch: Pädagoge.

Anschütz ist Lehrer an der Nikolaischule. Seit vielen Jahren schon. Und er ist immer zufrieden und glücklich in seinem Beruf gewesen. Aber heute hat es zum ersten Mal Verdruss gegeben. Daran muss er denken, als er die zwei Treppen zu seiner Dachstube hinaufsteigt. Über einer an sich nichtigen Meinungsverschiedenheit ist es zwischen ihm und dem Rektor zu einem heftigen Streit und schließlich gar zu einem Zerwürfnis gekommen. Nach all dem, was vorgefallen ist, hält Anschütz sein Ausscheiden aus dem Amt für unumgänglich. Wie hat das nur geschehen können? Er ist doch ein Mann von gemäßigtem Temperament, eher zur Nachgiebigkeit als zum Widerspruch geneigt. Den Rektor freilich, den kennt er als einen griesgrämigen Eiferer, der oft und gern, doch durchaus nicht immer begründet, auf seine pädagogische Erfahrung pocht.

Anschütz betritt niedergeschlagen sein Zimmer. Er entledigt sich seines Mantels und macht sich am Ofen zu schaffen. Die kleine Höhle wird sich im Nu erwärmen. Als er das Fenster öffnet, um den Rauch abziehen zu lassen, bemerkt er, dass der Sturm sich gelegt hat und dass der Schnee gemächlich und nur noch in spärlichen Flocken niederfällt.

Vor dem gegenüberliegenden Hause hält ein Pferdeschlitten. Zwei Männer mit langen blauen Schürzen und mit Pelzmützen laden Tannenbäume ab, große und kleine. Einen nach dem anderen lehnen sie steil gegen die Hauswand. Ein ganzer lebendiger Wald wächst da längs der Straße und füllt sie mit seinem Duft nach Sommer und unverwelklichem Grün. Eine junge Frau kommt über die Straße gelaufen. Sie geht vor der langen Reihe der Bäume eine Weile prüfend auf und ab. Endlich bleibt sie stehen. Sie winkt einen der beiden Händler zu sich, deutet auf ein kleines Tannenbäumchen und lässt es sich unter den Arm geben. So hat sie für ein paar Groschen ihren Christbaum erstanden. Sie wird ihn nach Hause tragen, in die Stube stellen und am Heiligen Abend mit Zuckerwerk behängen – zur Freude der Kinder.

Es kommen immer mehr Leute, die solche Bäume kaufen und davontragen. Anschütz, der unentwegt am Fenster steht und das Bild betrachtet, kann sich nicht erinnern, dass es die Sitte der Christbäume schon gegeben hat, als er noch ein Kind war.

Wie er aber so ganz versunken schaut, hat er plötzlich das Empfinden, als ob sein Glück davon abhinge, wenn er sich nicht auch einen Christbaum ins Zimmer stellte. Er geht und holt sich einen. Und merkwürdig: seine Bedrückung ist wie weggeblasen, als seine Finger über die dunkelgrünen, an ihrer Unterseite milchiggrauen Nadelzweige gleiten. Sind diese kräftigen Zweige nicht ein lebendiges Sinnbild der Beständigkeit? Liegt nicht ein weidlicher Trost darin, dass kein Sturm, kein Regen, kein Frost ihnen etwas anhaben kann? Ach, da hält die Natur dem Menschen, um ihn aus seiner Verzagtheit aufzurichten, so manches Zeichen vor, nur merkt er's nicht!

Der Lehrer Ernst Anschütz hat in seiner Bibliothek eine kleine Sammlung Volkslieder. Es sind Kompositionen des Berliner Musikers August Zarnack, von dem auch einige Liedtexte stammen. Die meisten freilich gehen auf alte Volksdichtungen zurück. Das Bändchen ist vor vier Jahren erschienen und wird seitdem für den Singunterricht an höheren Schulen benützt. Das Lied vom Tannenbaum steht darin. Es ist seinem Wesen nach ganz und gar ein Liebeslied. Und Anschütz möchte doch gerade jetzt der schönen Melodie etwas Neues, vielleicht etwas Weihnachtliches andichten, etwas, das die Kinder, aber auch die Erwachsenen im Innersten anrührt und froh macht.

Die erste Strophe kann er, so wie sie ist, beibehalten, doch anstelle der übrigen wird er wohl zwei, drei neue Vierzeiler schreiben müssen.

Er überlegt nicht lange. Er will es probieren. Und wie er sitzt und schreibt, bemerkt er kaum, dass er aus dem Probieren mitten ins Vollbringen gerät. Noch vor dem Lichtanzünden ist er fertig. Er setzt seinen Namen unter das Blatt und das Datum: Leipzig, den 19. Dezember 1824. Dies ist also der Geburtstag eines der schönsten Weihnachtslieder, welches von Stund an die Herzen der Menschen in Besitz genommen hat:

O Tannenbaum, o Tannenbaum,
wie treu sind deine Blätter!
Du grünst nicht nur zur Sommerszeit,
nein, auch im Winter, wenn es schneit.
O Tannenbaum, o Tannenbaum,
wie treu sind deine Blätter.

O Tannenbaum, o Tannenbaum,
du kannst mir sehr gefallen!
Wie oft hat nicht zur Weihnachtszeit
ein Baum von dir mich hocherfreut!
O Tannenbaum, o Tannenbaum,
du kannst mir sehr gefallen!

O Tannenbaum, o Tannenbaum,
dein Kleid will mich was lehren:
die Hoffnung und Beständigkeit
gibt Mut und Kraft zu jeder Zeit!
O Tannenbaum, o Tannenbaum,
dein Kleid will mich was lehren.

Weihnachtsvorbereitung in der Parkstraße

Gustav Freytag

Weihnachten war nahe, und die Frauenwelt der Parkstraße fuhr in geheimnisvoller Tätigkeit einher. Der Verkehr mit guten Bekannten wurde unterbrochen, angefangene Bücher lagen im Winkel, Theater und Konzertsaal wiesen leere Plätze, die Akkorde des Flügels und die neuen Bravourarien klangen selten in die rasselnden Wagen der Straße, innere Kämpfe wurden beschwichtigt, und böser Nachbarn ward wenig gedacht. Was eine Hausfrau oder Tochter zu leisten vermochte, das wurde auch in diesem Jahr auffällig. Vom Morgen bis zum Abend flogen kleine Finger zwischen Perlen, Wolle, Seide, Pinsel und Palette umher, der Tag wurde zu achtundvierzig Stunden ausgeweitet, selbst in den Minuten eines unruhigen Morgenschlummers arbeiteten dienstfertige Heimchen und andere unsichtbare Geister im Solde der Frauen. Je näher das Fest rückte, desto zahlreicher wurden die Geheimnisse, in jedem Schrank steckten Dinge, die niemand sehen sollte, von allen Seiten wurden Pakete in das Haus getragen, deren Berührung verpönt war. Aber während die Hausgenossen geheimnisvoll aneinander vorbeischlüpften, ist die Hausfrau stille Herrscherin in dem unsichtbaren Reich der Geschenke, Vertraute und kluge Ratgeberin aller. Sie kennt in dieser Zeit keine Ermüdung, sie denkt und sorgt für jedermann, die Welt ist ein großer Schrank geworden mit zahllosen Fächern, aus denen sie unablässig herausholt, in die sie Verhülltes nach weisem Plane einstaut. Wenn am Weihnachtsabend der Flitterstern blitzt, der Wachsstock träufelt und die goldene Kugel am Christbaum schimmert, da feiert die Phantasie der Kinder ihre große Stunde, aber die Poesie der Hausfrauen und Töchter füllt schon Monate vorher die Zimmer mit fröhlichem Glanz.

Wenn man das Urteil des Herrn Hummel als gemeingültig betrachten darf, ist leider auch den Männern, welche die Ehre eines Hauses zu vertreten haben, die Begeisterung dieser Wochen nicht vollständig entwickelt. „Glauben Sie mir, Gabriel", sagte Herr Hummel an einem Dezemberabend, während er einem Jungen nachblickte, der mit Brummteufeln umging, „in dieser Zeit verliert der Mann seine Bedeutung; er ist nichts als ein Geldspind, in dem sich der Schlüsselbart vom Morgen bis zum Abend dreht. Die beste Frau wird unverschämt und phantastisch, alles Familienvertrauen schwindet, eines geht scheu an dem andern vorüber, die Hausordnung wird mit Füßen getreten, die Nachtruhe gewissenlos ruiniert; wenn gegessen werden soll, läuft die Frau auf den Markt, wenn die Lampe ausgelöscht werden soll, fängt die Tochter eine neue Stickerei an. Und ist die lange Not ausgestanden, dann soll man sich gar noch freuen über neue Schlafschuhe, welche einen Zoll zu klein sind, und bei denen man später die grobe Schusterrechnung zu bezahlen hat, und über die Zigarrentasche von Perlen, die platt und hart ist, wie eine gedörrte Flunder. Endlich zu allerletzt, nachdem man goldene Funken gespuckt hat wie eine Rakete, fordern die Frauen noch, dass man auch ihnen selbst durch eine Schenkung sein Gemüt erweist. Nun, die meinigen habe ich mir gezogen."

„Ich habe doch auch Sie selbst gesehen", wandte Gabriel ein, „mit Paket und Schachtel unter dem Arm."

„Dies ist wahr", versetzte Herr Hummel, „eine Schachtel ist unvermeidlich. Aber, Gabriel, das Denken habe ich mir abgeschafft. Denn das war das Niederträchtigste bei der Geschichte. Ich gehe jedes Jahr zu derselben Putzmacherin und sage: ‚Eine Haube für Madame Hummel'. Und die Person sagt: ‚Zu dienen, Herr Hummel', und die Architektur steht reisefertig vor mir. Ich gehe ferner jedes Jahr zu demselben Kaufmann und sage: ‚Ein Kleid für meine Tochter Laura, so und so teuer, ein Taler Spielraum nach oben und unten', und das Kleid liegt preiswürdig vor mir.

Im Vertrauen, ich habe den Verdacht, dass die Frauen hinter meine Schliche gekommen sind und sich die Sachen vorher selbst aussuchen, denn es ist immer alles sehr nach ihrem Geschmack, während in früheren Jahren Widersetzlichkeit stattfand. Jetzt haben sie die Mühe, den Plunder auszuwählen, und am Abend müssen sie noch heucheln wie die Katzen, auseinander falten und anprobieren, sich erstaunt stellen und mein ausgezeichnetes Geschick loben. Das ist meine einzige Genugtuung bei dem ganzen Kindervergnügen. Aber sie ist dürftig, Gabriel."

So knarrte misstönend die Prosa des Hausherrn, doch die Parkstraße achtete wenig darauf, und sie wird solchen Sinn immer mit gebührender Missachtung betrachten, solange süßer ist, für andere zu sorgen, als für sich selbst, und Freude zu machen seliger, als Freudiges zu empfangen.

Auch für Ilse wurde in diesem Jahr das Fest eine große Angelegenheit, sie trug wie eine Biene zusammen, und nicht nur für die Lieben in der Heimat. Denn auch in der Stadt hatten sich viele große und kleine Kinder an ihr Herz genestelt, von den fünf unmündigen Raschkes bis zu den kleinen Barfüßlern mit dem Suppentopf. Auch bei ihr wurden die Sofawinkel unheimlich für den Gatten, für Laura und den Doktor, wenn diese einmal unerwartet eintraten.

Als der Kammerherr einige Zeit vor dem Feste einen Besuch seines Prinzen bei dem neuen Rektor schicklich erachtete, fanden die Herren Ilse und Laura in eifriger Arbeit und den Salon der Frau Rektorin in eine große Marktbude verwandelt. Auf langem Tisch standen Weihnachtsbäumchen, und gefüllte Säcke lehnten ihren schweren Leib an die Tischbeine, die Frauen aber arbeiteten mit Elle und Schere, zerteilten große Wollzöpfe und wickelten Linnenstücke auseinander, wie Kaufleute. Als Ilse den Herren entgegentrat und ihre Umgebung entschuldigte, bat der Kammerherr dringend, sich nicht stören zu lassen. „Wir dürfen nur hier bleiben, wenn wir das Recht erhalten, uns nützlich zu machen." Auch der Prinz sagte: „Ich bitte um die Erlaubnis zu helfen, wenn Sie etwas für mich zu tun haben."

„Das ist freundlich", versetzte Ilse, „denn bis zum Abend ist noch vieles zu verteilen. Erlauben Ew. Hoheit, dass ich Sie anstelle. Nehmen Sie den Sack mit Nüssen, Sie, Herr Kammerherr, haben die Güte, die Äpfel unter ihre Obhut zu nehmen, du, Felix, erhältst den Pfefferkuchen. Und ich bitte die Herren, kleine Häufchen zu machen, zu jedem zwanzig Nüsse, sechs Äpfel, ein Paket Kuchen."

Die Herren gingen mit Feuer an die Arbeit. Der Prinz zählte gewissenhaft die Nüsse und ärgerte sich, dass sie immer wieder untereinander fuhren, machte aber die Erfindung, durch zusammengefaltete Papierstreifen die Portionen beisammenzuhalten; die Herren lachten und erzählten, wie sie sich einst in fremdem Lande die deutsche Festfreude verschafft hatten. Der Duft der Fichtennadeln und Äpfel erfüllte die Stube und zog wie eine Festahnung in die Seelen aller Anwesenden.

„Dürfen wir die gnädige Frau fragen, wem unsere angestrengte Tätigkeit zugute kommt?", sagte der Kammerherr, „ich halte hier einen ungewöhnlich großen Apfel, durch den ich gern einen ihrer Lieblinge bevorzugen möchte. Jedenfalls tun wir, was armen Kindern Freude machen soll."

„Zuletzt wohl", versetzte Ilse, „aber das geht uns nichts an, wir geben schon heut ihren Müttern. Denn die größte Freude einer Mutter ist doch, ihren Kindern selbst einzubescheren, das Christbäumchen zu putzen und zu arbeiten, was die Kleinen gerade bedürfen. Diese Freude soll man ihr nicht nehmen, und deshalb wird ihnen der Stoff unverarbeitet geschenkt. Auch das Weihnachtsbäumchen kaufen sie am liebsten allein, jede nach ihrem Geschmack; die hier stehen, sind nur für solche Kinder, denen die Mutter fehlt. Und diese Bäumchen werden auch von uns ausgeputzt. Heut zum Feierabend wird alles aus dem Haus getragen, damit die Leutchen zu guter Zeit das ihre erhalten und sich danach einrichten."

Der Prinz sah auf den Kammerherrn. „Würden Sie uns erlauben", begann er zögernd, „auch etwas für die Bescherung zu kaufen?"

„Sehr gern", erwiderte Ilse freudig. „Wenn Hoheit befehlen, kann unser Diener das sogleich besorgen. Er weiß Bescheid und ist zuverlässig."

„Ich möchte selbst mit ihm gehen", sagte der Prinz. Der Kammerherr hörte verwundert auf diesen Einfall seines jungen Herrn, da der Einfall aber löblich und nicht gegen die Instruktion war, so lächelte er respektvoll. Gabriel wurde gerufen. Der Prinz ergriff freudig seinen Hut. „Was wollen wir kaufen?", fragte er aufbrechend.

„Kleine Wachsstöcke fehlen uns", versetzte Ilse, „dann von Spielzeug Puppen, für die Knaben Bleisoldaten und für die Mädchen ein Kochgeschirr, aber alles hübsch handfest und sparsam." Gabriel verließ mit einem großen Korbe hinter dem Prinzen das Haus.

„Sie haben gehört, was die gnädige Frau befohlen hat", sagte der Prinz auf der Straße zu Gabriel. „Zuerst die Wachsstöcke, Sie suchen aus, und ich bezahle, wir sollen sparsam einkaufen, geben Sie Achtung, dass wir nicht betrogen werden."

„Das haben wir nicht zu fürchten, Ew. Hoheit", versetzte Gabriel tröstend. „Und wenn wir ja einmal einige Pfennige zu viel bezahlen, das kommt wieder andern Kindern zugute."

Nach einer Stunde kehrte der Prinz zurück, Gabriel mit hochbeladenem Korb, auch der Prinz trug unter beiden Armen Puppen und große Tüten mit Naschwerk. Als der junge Herr so belastet eintrat, mit geröteten Wangen, selbst glücklich wie ein Kind, sah er so gut und liebenswert aus, dass sich alle über ihn freuten. Emsig packte er seine Schätze vor der Frau Professorin aus und schüttete zuletzt die Zuckertüten auf den Tisch.

Seine Befangenheit war verschwunden, er spielte in kindlichem Behagen mit den hübschen Dingen, wies den andern die kunstvolle Arbeit an Marzipanpflaumen, bat Laura, einen Tempelherrn aus Zucker für sich zu behalten, und wirtschaftete zierlich und behänd um den Tisch, bis die andern ihm bewundernd zusahen und in seine Kinderscherze einstimmten. Als die Frauen den Ausputz der Fichtenbäumchen begannen, erklärte der Prinz, auch er werde dabei helfen. Er setzte sich vor die Untertasse mit Eiweiß, ließ sich die Handgriffe zeigen und wälzte die bestrichenen Früchte in Gold- und Silberplättchen. Ilse setzte als Preis für den Herrn, der am meisten und besten arbeiten würde, eine große Dame von Pfefferkuchen mit Reifrock und Glasaugen, und es entstand ein löblicher Wetteifer unter den Herren, die besten Stücke zu liefern. Der Professor und der Kammerherr wussten alte Kunstfertigkeit zu verwenden, der Prinz aber arbeitete als Neuling etwas liederlich, es blieben einzelne leere Stellen, und an andern bauschte das Schaumgold. Er war mit sich unzufrieden, aber Ilse ermunterte ihn: „Nur müssen Ew. Hoheit sparsamer mit dem Golde sein, sonst reichen wir nicht." Zuletzt erhielt der Kammerherr die Dame im Reifrock, und der Prinz als außerordentliche Belohnung für seine Strebsamkeit ein Wickelkind, das aber auch durch zwei Glaskorallen in die Welt starrte.

Draußen auf dem Weihnachtsmarkt standen die kleinen Kinder um die Tannenbäumchen und Weihnachtsbuden und schauten ahnungsvoll und begehrlich auf die Schätze, und in Ilses Zimmer saßen die großen Kinder am Tische, spielend und glücklich; auch hier kam kein kluges Wort zutage, und der Prinz malte sich zuletzt mit Eiweiß die Umrisse eines Gesichtes auf die Handfläche und vergoldete sie mit den Metallblättchen.

Als der Erbprinz aufbrach, fragte der Professor: „Darf ich fragen, wo Ew. Hoheit den Weihnachtsabend verbringen?"

„Wir bleiben hier", versetzte der Prinz.

„Da seltene Musikaufführungen in Aussicht stehen", fügte der Kammerherr hinzu, „hat des Fürsten Hoheit auf die Freude verzichtet, den Prinzen zum Fest in seiner Nähe zu haben, wir werden also stille Weihnacht im Quartier halten."

„Wir wagen nicht einzuladen", fuhr der Professor fort, „falls aber Ew. Hoheit an diesem Abend nicht in anderer Gesellschaft verweilen, würde uns große Freude sein, wenn die Herren bei uns vorlieb nähmen."

Ilse sah dankbar auf den Gatten, und der Prinz überließ diesmal nicht dem Kammerherrn die Antwort, sondern nahm mit Wärme die Einladung an.

Weihnacht!

Karl May

Weihnacht!
Welch ein liebes, liebes inhaltsreiches Wort! Ich behaupte,
dass es im Sprachschatz aller Völker und aller Zeiten ein
zweites Wort von der ebenso tiefen wie beseligenden Bedeutung dieses einen weder je gegeben hat noch heute gibt.
Dem gläubigen Christen ist es der Inbegriff der heiß er-
sehnten Erfüllung langen Hoffens auf die Erlösung aller
Kreatur, und auch für den Zweifler bedeutet es eine alljährlich wiederkehrende Zeit allgemeiner Festlichkeit, der Fa-
milienfreude und der strahlenden Kinderaugen. Jenem
leuchtet in der tiefsten Tiefe seines Herzens der Wahr-
spruch „Jesus Christus gestern und heut und derselbe in
alle Ewigkeit!" und dieser stimmt wohl unwillkürlich auch
mit ein oder lässt wenigstens seine Kinder einstimmen in
den Frohgesang

> „Welt ging verloren,
> Christus ward geboren;
> Freue dich, o Christenheit!"

Unter Palmen ging der längst erwartete Zweig Isais, des
Bethlehemiten, auf, und über Bethlehem strahlte der Stern,
welcher die Weisen aus dem Morgenlande zu der Weih-
nachtskrippe leitete. „Ehre sei Gott in der Höhe!", sangen
die himmlischen Heerscharen über diese Stadt, von welcher
ein Strahl des Lichtes ausgangen ist, der alle Welt erleuchten
und beglücken soll. „Friede auf Erden!", erklang es nach
dem himmlischen Gloria, und der Friede, dessen Sinnbild
noch heut die Palmen sind, hat sich von dorther ausgebrei-
tet über alle Länder und in alle Herzen, welche seinem Ein-
zuge offen standen. Und wo im Norden keine Palmen we-
hen, da haben ihre Wedel sich in Tannenzweige verwandelt, welche Sterne und Lichter tragen in der schönen seli-
gen Zeit, welcher die Worte des Propheten gelten: „Mache

16

dich auf, und werde Licht, denn dein Licht kommt, und die Herrlichkeit des Herrn geht über dir auf!" Da glänzt der Weihnachtsbaum im Palaste und in der Hütte; da schallen Glockenklänge, um die Geburt des Erlösers zu verkünden, durch die stille Nacht, und von allen Kanzeln und Altären, von Mund zu Mund erklingt der Engelsruf: „Siehe, ich verkündige euch große Freude, die allen Nationen widerfahren wird, denn euch ist heute der Heiland geboren, welcher ist Christus, der Herr in der Davidsstadt!"

Zwei Bibelworte sind es vorzugsweise, welche, als ich noch ein kleiner Knabe war, aus dem Munde der alten, frommen Großmutter einen tiefen, unauslöschlichen Eindruck auf mich machten. Lag es an der Erzählerin oder an dem Inhalte dieser Worte selbst, ich weiß es nicht, aber Tatsache ist, dass diese Verse noch heut zu meinen Lieblingsbibelsprüchen zählen. Der eine Spruch lautet Hiob 19,25: „Ich weiß, dass mein Erlöser lebt, und er wird mich aus dem Grabe auferwecken", und der zweite ist eben die Verkündigung des Engels: „Siehe, ich verkündige euch große Freude – – – denn euch ist heute der Heiland geboren – – –." Der Eindruck dieser Stellen auf mich war ein solcher, dass ich – in noch ganz unreifem Alter – beide komponiert und über die zweite auch noch ein Gedicht – – – fast möchte ich sagen, verbrochen habe.

Dass ich dies hier nicht etwa erwähne, um mich zu brüsten, habe ich durch die Altersangabe und das Wort „verbrochen" bewiesen, vielmehr werden meine lieben Leserinnen und Leser bald bemerken, dass diese Erwähnung einen ganz andern und zwar bessern Zweck verfolgt. Einstweilen sei nur gesagt, dass die Worte „Ich verkündige euch große Freude" mir damals auch in ganz besonderer Beziehung zu einer wahren Weihnachtsbotschaft wurden.

Ich, der ärmste unter den Schülern meiner Klasse, liebte die Musik glühend und nahm außer dem gewöhnlichen Unterrichte noch Privatstunden in der Harmonielehre, was mich auf trockenes Brot setzte, denn ich ernährte mich durch Unterrichtgeben à Stunde 50 Pfennige und musste also die Stunde Harmonielehre zu einem Taler mit sechs Stunden meiner Privatzeit bezahlen. Das tat ich aber gern, und der Hunger von damals hat mir bis heute noch nichts geschadet.

In der Theorie – nicht etwa praktischen Komposition – bei der Motette angelangt, setzte ich mich eines Tages mit der nur durch meine Jugend zu entschuldigenden Idee hin, über das Lieblingsthema „Ich verkündige euch große Freude" eine Weihnachtsmotette zu komponieren. Wie gedacht, so getan! Das opus operatum sollte freilich tiefes Geheimnis bleiben, war aber schon bald nach seiner Vollendung aus meinem Kasten verschwunden. Später erfuhr ich, dass ein mir übel wollender Mitschüler es mir wegstibitzt und, um mich zu blamieren, es meinem Lehrer, einem alten, braven Kantor, durch die Post zugeschickt hatte. Ich suchte lange nach dem verlorenen Heiligtume und gab es endlich auf, es jemals wieder zu finden.

Wie nun selten ein Unglück allein kommt – und das eigenmächtige Überschreiten der einem Schüler gezogenen geistigen Grenzen kann leicht zum Unglück für ihn werden –, kam mir grad zu jener Zeit ein Unterhaltungsblatt zu Gesicht, in welchem eine Konkurrenz, ein Weihnachtsgedicht betreffend, mit drei Preisen zu 30, 20 und zehn Talern ausgeschrieben wurde. Mein Lieblingsthema, meine Armut und wer weiß was sonst noch für gute oder nicht gute Gründe, „drückten mir", wie berufene Dichter zu sagen pflegen, „die Feder in die Hand"; ich setzte mich abermals hin und brachte ein Gedicht von 32, schreibe und sage mit Worten: zweiunddreißig vierzeiligen Strophen zu Papier. Es ist jedermann, besonders aber jedem Redakteur bekannt, dass ein Gedicht, je länger es ist, desto leichter in den Papierkorb wandert, und auch ich wusste wenigstens, dass der Wert eines Poems nicht mit seiner Länge zu wachsen pflegt; aber nach der Disposition, die ihm zu Grunde lag, hatte es eben nicht kürzer werden können; im Gegenteile, wenn ich alle Gedanken, die mir gekommen waren, niedergeschrieben hätte, wären es wohl tausend Zeilen geworden. Ich fertigte also das verlangte Motto an, steckte

18

dieses mit dem Gedichte in ein Couvert für 3 Pfennige, siegelte es mit für 5 Pfennige Rotlack zu, klebte mein letztes Geld in Gestalt von Briefmarken in die Ecke rechts über der Adresse der Redaktion und trug den Brief in höchst feierlicher Stimmung bis zur übernächsten Straße, wo der Briefkasten hing. Als er mit hohlem Geräusch hineingefallen war, sah ich den Kasten noch lange an. Er kam mir jetzt ganz anders vor, als er früher ausgesehen hatte. Das war aber auch sehr leicht zu erklären, denn zweiunddreißig Strophen auf einmal zu verschlingen, das hatte wohl noch kein vernünftiger Mensch von ihm verlangt.

Aber auch mit mir ging eine Veränderung vor. Wer mich beobachtete, der musste unbedingt bemerken, dass ich ein schlechtes Gewissen hatte. Meine Haltung kam mir unmännlich und mein Gang schlottrig vor; die Augen verloren ihre bisher nach vorn gerichtete Direktion und begannen, sich vorzugsweise und verstohlen bald nach rechts und bald nach links zu richten, ob mir die zweiunddreißig Strophen vielleicht anzusehen seien. Kein Brot, selbst das ganz trockene, wollte mir mehr schmecken; der Schlaf streikte, und wenn er seine Pflicht einmal tat, so träumte ich von allerlei Ungeheuerlichkeiten, z. B. von einem großen Briefkasten, welcher in Gestalt einer blauen Riesenkröte auf mein Bett gekrochen kam und mich so lange drückte, bis ich mit einem Schrei erwachte.

Meine Arbeiten fertigte ich mit derselben Gewissenhaftigkeit wie vorher, aber sie wurden mir schwerer als früher; meine roten Wangen wurden blass; ich magerte ab und wurde wortkarg wie eine Stimmgabel, die auch nur dann erklingt, wenn man ihr einen Stoß versetzt. Es war eine schwere, eine schlimme Zeit! Und sie dauerte übermäßig lang. Ende Juli hatte ich dem Briefkasten mein Schicksal vorzeitig anvertraut, denn die „Galgenfrist" ging erst am ersten Oktober zu Ende, und am ersten November sollte die Entscheidung fallen. Wenn ich doch meine „Zweiunddreißig" wieder hätte; ich wollte nicht nur auf jeden, selbst den dritten Preis verzichten, sondern das heilige Versprechen ablegen, nie wieder einen Reim zu schreiben! Das war viel, sehr viel gesagt, weil Reime mir nicht die geringste Schwierigkeit bereiten und mir auch der dritte Preis, zehn harte, blanke Taler, als ein kleiner Schatz erschienen wäre. Dass mir nichts beschieden sei, also eines negativen Erfolges, war ich vollständig überzeugt, aber diese Angelegenheit konnte auch eine positive und zwar sehr unangenehme Wirkung für mich haben. Ich konnte nämlich den Gedanken nicht los werden, dass die „löbliche" Redaktion mein Gedicht nicht an mich zurücksenden, sondern es mit einigen besondern Randbemerkungen unserem strengen „Alten" zur Nachachtung zustellen werde. Wer Gymnasiast entweder war oder noch ist, der weiß, wen ich mit diesem „Alten" meine, und wird mein heimliches Grauen zwar nicht ermessen und nachfühlen aber doch wenigstens ahnen können. Seiner Gestrengen hatte mir zwar immer wohl gewollt und manche Härten meiner Lage zu mildern gesucht; er ließ mich sogar seinem Sohne wöchentlich zwei Stunden Nachhilfsunterricht erteilen, wofür ich sonnabends in der Küche Reis mit Rindfleisch bekam und dann als Nachgenuss der Lieblingskatze seiner Frau den Rücken krabbeln durfte; aber falls die „Löbliche" meine Befürchtung zur Wahrheit werden ließ, so war für nichts mehr, weder für den Reis noch für die Katze einzustehen!

So also türmten sich die Wetterwolken immer schwärzer und drohender über mir zusammen, und als der erste November kam, war er, wie ich heut noch weiß, ein zwar kalter aber sonniger Herbsttag, in meinem Innern aber schneite es schwere, große Flocken, nicht hellen Schnee, sondern es war ein ganz anderer und viel dunklerer Stoff. Nun konnte ich die Tage, nein, die Stunden zählen; sie wurden mir zu Ewigkeiten; aber irdische Ewigkeiten gehen vorüber, diese also auch. Und nun kommt es – – – es ist da; das fürchterliche Verhängnis nämlich!

Es war am sechsten November, nach der letzten Vormittagsstunde, als ich zum „Alten" gerufen wurde. Zwei Treppen hinauf, jede zwanzig Stufen, auf je zwanzig Schläge meines Herzens, macht in Summa achthundert; weniger sind es wahrscheinlich nicht gewesen. Ich klopfte an, trat ein und – – – sah nichts, weil meine Augen nebelten. Es vergingen einige Augenblicke; der Nebel teilte sich, und ich sah den Gewaltigen mit Augen, als ob er mich durchbohren wolle, vor mir stehen.

„May!", erklang es in seinem tiefsten Bass.

Ich verbeugte mich. Was ich für ein Gesicht gemacht habe, das weiß ich nicht, denn nur er hat es gesehen und mir nichts darüber angedeutet.

„May!!"

Ich verbeugte mich wieder.

„May!!!"

Dritte Verbeugung; aber nun war ich entschlossen, mich nicht mehr zu bücken.

„Sie – – sind – – ja – – ein – – ganz – – –"

Ich sah ihn so scharf an, dass er innehielt; beleidigen wollte ich mich auf keinen Fall lassen. Da lachte er und fuhr in einem ganz andern Tone fort:

„Geht mich eigentlich nichts an, ganz und gar nichts; ist nur Ihre Privatsache, wenn Sie sich mit Blamagen herumriskieren. Warum auch nicht? Sie sprechen ja stundenlang in Knüppelversen, und Ihr Deutsch – – – hm! Aber Sie hätten es mir doch wenigstens vorher zur Durchsicht geben können!"

„Das Gedicht?", fragte ich.

„Natürlich! Ich hätte die Fehler angestrichen, die noch drinstecken und von dem Redakteur gar nicht bemerkt worden sind. So ein Mensch weiß ja gar nicht, was zu einem guten Gedicht gehört; woher sollte er es auch wissen?! Kuh – – Muskate – –!"

„Es ist also zurückgeschickt worden?"

„Ja, im Probedruck, so was man Korrektur oder Revision nennt. Dabei ein Brief, nicht an Sie, sondern an mich. Sie bekommen ihn natürlich nicht zu lesen – – – fällt mir gar nicht ein! Ich werde antworten, dass zwar Ihr Name, aber sonst weiter gar nichts unter das Gedicht gesetzt werden darf; Sie verfallen sonst dem Tintenteufel, der der schlimmste von allen Teufeln ist. Haben mehr zu tun, als Gedichte zu machen! Junges Bürschchen!"

Ich holte tief, tief Atem. Also meine Zweiunddreißig waren angenommen worden! Dritter Preis zehn Taler – – –! Mir wollte es wieder vor den Augen nebeln! Da fuhr er fort:

„Was ich sagen wollte: Werde Ihnen die Nachhilfsstunden von jetzt an bar bezahlen, zweimal fünf, also zehn Groschen. Den Sonnabendstisch behalten Sie trotzdem. Werde Sie wegen Ihrer Kühnheit und dem Gedichte später noch extra vornehmen; habe jetzt keine Zeit; muss zu Tische gehen. Hier ist das Geld. Nun gehen Sie!"

Er gab mir ein Couvert in die Hand. Ich bedankte mich mit vor Aufregung heiserer Stimme und schoss zur Tür hinaus, nachdem ich eine ganz besonders tiefe Verbeugung gemacht hatte, der ich doch vorhin fest entschlossen gewesen war, keine mehr zu machen.

Wie ich die Treppe hinunter und dann in meine „Bude" gekommen bin, das weiß ich selbst heut noch nicht. Ich öffnete das Couvert. Was war darin? Ein kurzes Schreiben der Redaktion – – – drei Zehntalernoten! Die schreckliche, große, blaue Kröte hatte, wie jede Kröte im Märchen, Geld für mich bedeutet – – – nicht den dritten, sondern den ersten Preis.

Was ich tat, als ich wieder ruhig geworden war? Die Antwort ist nicht nötig! Ich habe weder in guten noch in schlimmen Lagen jemals vergessen, dass das Gebet eine heilige Pflicht ist und Erleichterung bringt.

Und wie es – wenigstens dem Sprichworte nach – mit dem Unglücke ist, so ist's auch mit dem Glücke; es kommt niemals allein. Als ich am Nachmittag zum Unterricht bei meinem alten Kantor erschien, zeigte er sich außerordentlich aufgeräumt. Er war zwar stets ein lieber, alter, munterer Herr, heut aber zeigte er sich besonders heiter und gesprächig und ließ einige Andeutungen über „gute Arbeit" und „Buchhändlergeld" fallen, sodass ich mir im Stillen sagte, dass er mit dem „Alten" über meinen Glücksfall gesprochen haben müsse. Als ich nach der Stunde, wie ich gewöhnlich tat, denn ich borgte nie, den Taler auf die gewohnte Stelle legte, sagte er:

„Ist nicht nötig, lieber May! Sie können Ihren sauer verdienten Taler behalten."

„Dieser hier ist nicht sauer verdient, Herr Kantor."

„Nicht? Wieso? Vielleicht ein Geschenk?"

„Nein, kein Geschenk. Er ist verdient, aber nicht sauer. Ich habe dreißig Stück bekommen; das wissen Sie doch!"

Er sah mich erstaunt an und fragte:

„Dreißig Stück, dreißig Taler! Sie Krösus, Sie! Und ich soll es wissen? Keinen Laut, keine Note, keine halbe, keine Sechzehntelnote habe ich davon gehört!"

„Aber Sie haben doch vorhin davon gesprochen!"

„Ich? Nicht dass ich wüsste!"

„Sie sprachen von Buchhändlergeld!"

„Ja, das habe ich freilich getan; aber das ist etwas, wovon Sie noch gar nichts wissen. Was hat es denn für eine Bewandtnis mit Ihren dreißig Talern? Oder dürfen Sie es nicht erzählen?"

„Natürlich darf ich es! Und grad Sie, Herr Kantor, sind der, dem ich es am liebsten erzähle!"

Er lief, indem ich es tat, ganz aufgeregt in seinem kleinen Zimmer hin und her und rief, als ich zu Ende war:

„Dreißig Taler, dreißig schwere Taler für ein Gedicht, für – – – wie viel Strophen hat es?"

„Zweiunddreißig vierzeilige."

„Auch noch bloß vierzeilige! Das macht achtundzwanzig Groschen pro Strophe und sieben Groschen für jede Zeile, für jeden Vers! Dazu die Ehre, den ersten Preis errungen zu haben! Und ich habe Wunder gedacht, was ich da – – – na, warten Sie noch! Haben Sie Ihr Gedicht im Kopfe?"

„Ja."

„Her damit! Ich will auch einmal ein Preisgedicht für dreißig Taler hören!"

Während er immer noch lebhaft hin und her wanderte, stellte ich mich in die einzige freie Ecke und deklamierte:

„‚Ich verkünde große Freude,
Die euch widerfahren ist,
Denn geboren wurde heute
euer Heiland Jesus Christ!‘

Jubelnd tönt es durch die Sphären,
Sonnen künden's jedem Stern;
Weihrauch duftet auf Altären,
Beter knieen nah und fern.

Horch, da schallt vom nahen Dome
Feierlich der Glocken Klang,
Und im majestätschen Strome
Schwingt sich auf der Chorgesang:

‚Herr, nun lassest du in Frieden
Deinen Diener zu dir gehn,
Denn sein Auge hat hienieden
Deinen Heiland noch gesehn!‘ – – –“

„Halt, halt!“, unterbrach er mich da eifrig. „Das Gedicht
scheint ja gut, ganz gut zu sein, aber zweiunddreißig Strophen, das ist mir zu lang, viel zu lang. Ich muss Ihnen etwas
sagen und kann nicht damit warten, bis Sie zu Ende sind.
Da, sehen Sie sich einmal das hier an! Kennen Sie das?“

Er hielt mir ein gedrucktes Notenheft hin und sah mir
dabei mit dem Ausdrucke größter Spannung in das Gesicht. Es war die Partitur einer Motette, in welcher die se-
parat gedruckten Stimmen lagen. Ich las den Anfang des
Textes: „Siehe, ich verkündige euch große Freude – – –“

„Nicht hier lesen, nicht hier, sondern den Titel, den Titel!“, drängte er ungeduldig.

Ich tat es und erschrak, aber in freudiger Weise, denn es
war meine Motette, die mir auf eine so unerklärliche Art
abhanden gekommen war.

„Nicht wahr, das ist etwas, das ist auch etwas?“, fragte er
triumphierend. „Eine gedruckte Komposition ist mehr,
viel mehr wert als ein gedrucktes Gedicht. Ein Gedicht

kann jeder machen, der die Reime dazu aus der Luft her-
greift; aber eine Komposition, das ist etwas ganz anderes;
das kommt nicht aus der Luft, sondern wo anders her! Da
muss man etwas gelernt und ganz besonders einen tüchtigen Lehrer gehabt haben. Und gute, tüchtige Lehrer können nur die Herren Kantores sein, welche die Orgel schla-
gen und den Kirchengesang leiten. Der Kirchengesang ist
die höchste – – –"

„Aber bitte, Herr Kantor", unterbrach ich seinen Rede-
fluss; „Sie sehen mich im höchsten Grade erstaunt. Diese
Motette habe ich nicht komponiert, dass sie gedruckt werden soll; sie ist eine Übungsarbeit, die im Kasten liegen
bleiben sollte; plötzlich aber war sie weg. Wie ist sie in Ihre
Hände gekommen, und woher wissen Sie, dass sie von
mir ist? Auf dem Originale hat mein Name nicht gestanden."

„Das ist wahr, sehr wahr", lachte er. „Aber denken Sie
denn wirklich, dass ich Ihre Handschrift nicht kenne und
auch die von Krüger nicht?"

„Krüger?", fragte ich. „Welchen Krüger meinen Sie?"

„Dumme Frage! Natürlich Krüger, der Ihnen damals
wegen Ihrer Arbeit über die Quintseptaccorde die erste
Zensur abtreten musste. Er hat sich rächen wollen, wird
aber nun durch mich bestraft, dass er sich blauärgern soll!"

„Ich verstehe Sie noch nicht."

„Immer noch nicht? Sie sind doch sonst nicht so schwer
von Begriffen. Da muss ich Ihnen doch gleich noch zwei-
erlei zeigen, worüber Sie sich, wenigstens über das eine,
wahrscheinlich wundern oder aber auch ärgern werden.
Da, zunächst das. Wessen Handschrift ist das?"

Er gab mir ein großes, abgestempeltes Couvert, auf welchem sein Name stand. Ich brauchte nur einen Blick darauf
zu werfen, um antworten zu können:

„Das hat Krüger geschrieben; man sieht es sofort."

„Ja; der Kerl hat sich nicht einmal Mühe gegeben, seine
Hand zu verstellen. Er hat wahrscheinlich gedacht, dass
ich das Couvert wegwerfe, ohne es anzusehen. Nun aber
das. Sehen Sie es sich genau an!"

Es war meine Partitur der Motette. Indem ich die Systeme nur flüchtig überblickte, fand ich nicht, was er meinte; da machte er mich darauf aufmerksam:

„Halten Sie das Papier gegen das Licht, so werden Sie die radierten Stellen finden."

„Was! Er hat radiert?"

„Ja, er hat radiert, um Fehler hineinzumachen; die Absicht können Sie sich wohl denken!"

„Das wäre eine Schlechtigkeit, eine Gemeinheit, die –"

„Lassen Sie das!", unterbrach er mich. „Ich habe die Sache schon selbst in die Hand genommen. Ich habe ihn vorgehabt, und er hat es eingestehen müssen; die Sache wird noch vor die Konferenz kommen. Inzwischen habe ich eine Abschrift, natürlich ohne die hineingemachten Fehler, genommen und die Motette dann dem Buchhändler eingeschickt, Ihnen zuliebe und diesem Krüger zum Ärger. Er hat sie angenommen, und wissen Sie, welches Honorar er Ihnen zahlt?"

„Honorar? Also Geld, auch hier Geld?"

„Natürlich! Geschriebene Noten gegen Banknoten oder klingende Münze; anders tue ich es nicht. Er hat einstweilen fünfhundert gedruckt und dafür fünfundzwanzig Taler bezahlt. Sie bekommen also zwar bloß fünfzehn Pfennige für das Exemplar, aber das ist doch immer besser, als wenn die Motette in Ihrem Kasten läge und gar nichts brächte. Er schickte Papiergeld; ich habe es aber umgewechselt, weil Silber besser klingt. Es ist ein ganzer, großer Haufen Geld. Da haben Sie ihn! Lassen Sie nichts davon fallen!"

Er zog den Tischkasten auf, griff mit beiden Händen hinein und hielt sie mir dann, gefüllt mit Talerstücken, hin. Ich war beinahe bestürzt über diese zweite, so ganz unerwartete Gabe des Glückes. Er schob mir das Geld lachend hüben und drüben in die Hosentaschen und rief dabei:

„Nehmen Sie nur, nehmen Sie! Wer weiß, ob Ihnen in Ihrem ganzen Leben wieder einmal eine Komposition auch nur einen Groschen einbringt; drum greifen Sie jetzt zu; Sie können es ja brauchen! Übrigens wird die Motette eingeübt und hier in der Kirche gesungen; der Krüger muss platzen vor Ärger, das heißt, wenn er nicht schon vorher fort muss, denn die Gemeinheit, welche er hier bewiesen hat, verdient eine so exemplarische Bestrafung, dass ich überzeugt bin – – –"

„Bitte, Herr Kantor", fiel nun ich ihm einmal in die Rede. „Sie sind mir immer freundlich gesinnt gewesen, und ich denke, dass Sie mir auch jetzt die Erfüllung eines Herzenswunsches nicht abschlagen werden."

„So? Hm, ich ahne schon! Was ist das für ein Wunsch?"

„Bringen Sie Krüger nicht vor die Konferenz! Ich bin heute so glücklich und würde die ganze Freude an diesem Glück verlieren, wenn er in Strafe käme."

„Ist das nicht zu viel verlangt?"

„Wohl nicht. Er ist ja die eigentliche Ursache der frohen Überraschung, die Sie mir bereitet haben. Sie hätten gewiss keinen Verleger für die Motette gesucht, wenn er sie Ihnen nicht eingeschickt hätte, um mich in Ihrer Meinung herabzusetzen."

Da gab er mir die Hand und sagte, jetzt ernster als vorher:

„Sie machen mir eine doppelte Freude. Nämlich erstens, dass Sie für Krüger bitten. Ich habe ihn nur deshalb noch nicht zur Anzeige gebracht, um ihn mit meinem Verweise und einem tüchtigen Ärger davonkommen zu lassen. Darum habe ich gewartet, bis die Motette gedruckt worden ist. Hätten Sie die Anzeige gewollt, so wäre sie erfolgt; nun aber soll er noch einen kräftigen Rüffel unter vier Augen bekommen und dabei erfahren, dass er die übrige Straflosigkeit nur Ihrer Fürbitte verdankt. Er wird sich blau und schwarz darüber ärgern, dass die Motette im Druck erschienen ist, dass sie Ihnen Geld eingebracht hat und dass er sie nun sogar mitsingen muss."

„Soll er das?"

„Ja; anders tue ich es nicht; er hat eine gute Stimme und soll sogar, grad zu seinem Ärger, ein Solo bekommen, nämlich, wissen Sie, den dreistimmigen Solosatz in *As-dur* mit dem Texte: ‚Drum gehet hin nach Bethlehem; da werdet Ihr finden das Jesuskind in einer Krippe liegen.‘ Das war der erste Punkt, über den ich mich um Ihretwillen freue. Der andere Punkt bezieht sich auf Ihre Einsicht, dass ich Ihre Komposition ohne den angegebenen Grund wohl keinem Verleger angeboten hätte.“

Herrnhuter Weihnacht

Heinrich Giesen

Weihnachten fängt in Herrnhut früher an als sonst wo.
Wenn nachmittags das Tageslicht in den Pädagogien nicht
mehr ausreicht und in der Knabenanstalt die Stubenbrüder
die Lampen schon früh anzünden müssen, dann sagt's einer zum andern, bis schließlich alle nur von dem einen
sprechen: „Es wird Zeit für den Stern!"

Den Herrnhuter Stern hat man heute überall; eigentlich
schade. Man sieht ihn zu viel, auch wo er nicht hingehört.

Aber in Herrnhut ist er zu Hause, schon seit hundert
Jahren. Da sitzen die Jungens an ihren freien Nachmitta-
gen auf ihren heimeligen Stuben, und jede „Stube" klebt
ihren Stern. Die Großknaben haben seit langer Tradition
ihr besonderes Amt; den großen Stern für den Saal!

Wenn sie nun mit langen Linealen eine Zacke nach der
anderen aufs rote und weiße Papier mit strahlender Mühe
und besorgter Genauigkeit aufzeichnen und schneiden
und falten und kleben, und eine Zacke nach der andern ans
Mittelgerüst festigen – wie viele sinds doch in Herrnhut?
Hunderteinundzwanzig Zacken, in Niesky noch mehr;
man kann ihn nicht aufbewahren, er würde das Jahr nicht
überdauern –, dann hört man aus den Stuben und Sälen die
Advents- und Weihnachtslieder bis in den Garten hinein,
wo schon manche stehen geblieben sind, wenn sie ihren
Weg in Herrnhut zum Gottesacker machten oder in Kö-
nigsfeld die großen Tannen im Rotwald aufsuchten: da
drinnen ist's schon Zeit zum Stern!

Am ersten Advent zur Hosiannastunde breitet er dann
seinen unbeschreiblichen Lichtzauber über alles Weiß des
Saales. Es ist ja da nichts, was nicht die Farbe der Freude,
das Weiß der harrenden Brautgemeinde trüge.

So ist's: die ganze Gemeine ist angesteckt im Advent von
der Freude – am Weiß und dem lang erwarteten Schein des
großen Sternes? Wohl auch, denn Zinzendorf wusste, dass

alles, aber auch alles, mit hineingenommen werden sollte in die Freude über das Wort, das Heil und Leben mit sich bringt: das singen die Kinder, und der Chor singts im Wechsel mit der Gemeine. Und sie singen sich „aus der Hütte heraus" mit ihrem „Hosianna, gelobt sei, der da kommt im Namen des Herrn!"

Aber schon zu Hause fing die Freude an.

Die Mutter hatte um sieben Uhr vor der Tür der Kinder gestanden mit einem Tablett in den Händen und kleinen Geschenken. Die liegen zierlich verdeckt unter tiefgrünen Tannenzweigen und sind vom scheu flackernden Kerzenlicht bestrahlt. Dabei hatte die Mutter den Kindern ins Wachwerden die adventliche Strophe gesungen, und die da drinnen fielen ein: Die Zweiglein der Gottseligkeit steckt auf mit Andacht, Lust und Freud!

Das geht so rund in den Herrnhut'schen Familien. Eltern und Paten und Onkel und Tanten vergessen die „Beschers" nicht bei Advent, wohl auch, weil kein Herrnhuter Kind das zulassen würde.

In den Wochen danach führen die Adventssingstunden die Gemeine von einer Station zur andern. Da werden die Verheißungen vom Prediger verlesen und von der Gemeine aufgenommen in immer neuen Strophen verschiedener Lieder, und damit ausgelegt im Mund singender Gemeine. So hatte es schon Zinzendorf gewollt, nicht lange Lieder, nein, die Herrnhuter Singstunde ist bewegt, und zwischendurch haben die Kinder ihren eigenen Gesang, im Wechsel mit den Alten.

Endlich ist die „Kleine Christnacht" da.

Am Nachmittag des Heiligen Abends beginnt sie. Die Eltern haben ihre Mühe mit den Kindern, denn die eben laufen können, dürfen ja schon kommen, alle bis zu sechs Jahren.

Da sitzen sie auf den Bänken des weißen Saales im Brüderhaus und blicken unverwandt in die Kerzen, die von den wundervollen Bogen der weißen Orgel und den alten Lampen das festliche Weiß des Saales einhüllen und alle, die dort anfangs unruhig sich bewegten, in eine gespannte

Stille hineinbannen. Die wird dann unterbrochen von der Orgel, dem gemeinsamen Singen und den Fragen des Predigers. Ihm sagen jetzt alle Kinder eine Weihnachtsstrophe auf, und wäre es eine unverstandene Zeile im Mund der Allerkleinsten. Es klingt so, dass wir das Lob herauszuhören meinen, das sich Gott aus dem Mund der Unmündigen und Säuglinge zurichten will.

Da beginnt's, was die Herrnhuter Gemeine so auszeichnet: Das Gesangbuch scheint zum Lernen da zu sein, nicht zum Gebrauch, der Liederschatz der Brüder ist größer als anderswo. Man singt dort viel auswendig.

Und nicht nur Lieder sagen die Kinder auf, sondern antworten auch auf Fragen der Weihnachtsgeschichte. – War die Antwort denn falsch, die ein Kind Bischof Jensen gab auf die Frage, wenn der Heiland in uns Herberge machen wolle, was dann aber bei uns aufgeräumt werden müsse ...? Faulheit und all so'n wüst Zeug! hatte es gemeint.

Aber wer will die Lichtfülle schildern zur Stunde der „Großen Christnacht"?

Wenn von dem Sims, das den weiten großen Saal umsäumt, in ungezählter Zahl die Kerzen brennen und selbst die alten, tiefen Messinglampen vor den elektrischen Birnen oben an der Decke den Vorrang haben, wenn der Kerzenschein widerscheint in den blanken geschweiften Lichtarmen an den weißen Wänden – und in der Mitte der große Stern mit seinem rot-weißen Licht alles umleuchtet, von den Logen auf der Schwesternseite bis zur Orgel auf der Brüderseite, und selbst in diesen Schein die weißen Hauben der Schwestern hineinnimmt ..., wer will das alles schildern können, dass man's vor sich sieht!

Wenn dann der Chor mit den Instrumenten, die Großknaben und die Großmädchen, die ganze Gemeine sich die Weihnachtsbotschaft durchsingt, wenn der Prediger die Weihnachtsgeschichte in Teilen vorliest; ohne Ansprache – das tut ja die Gemeine im Wechselgesang; o ja, es gibt Gemeingottesdienst in Herrnhut! und wenn wieder und wieder die Gemeine das Schriftwort aufnimmt und beantwortet im Lied, und es sich wiederholt und es sich auslegt: dann ist das eine Stunde großer Freude, die allem Volk widerfahren soll. „Eine Elektrifikation aus dem Herzen des Heilandes" nannte das Zinzendorf.

Bis zum Schluss beim Lied „Morgenstern auf finstre Nacht, der die Welt voll Freude macht ..." die Türen vorn sich öffnen!

Dann treten einige Brüder im festlichen Schwarz feierlich herein und einige Schwestern mit der ersten Saaldienerin in ihren schwarzen Kleidern mit den weißen, breiten Spitzenkragen und der Tüllschürze, genau wie sie im Liebesmahl dienen.

Sie halten Brettchen in der Hand mit zahllosen brennenden Kerzen, die alle Blicke gefangen nehmen. Vorsichtig gehen sie durch die Reihen zu jedem Kind, wie sie es in der „Kleinen Christnacht" schon bei den ganz Kleinen getan haben, und jeder Junge und jedes Mädchen darf eine Kerze in die Hände nehmen! Es ist eine etwa zwanzig Zentimeter lange Kerze, ein wenig dünner als unsere, die wir am Christbaum haben, in der Mitte umwickelt mit ausgefranstem Goldpapier, das die Tropfen auffängt – so gehen die Kinder aus dem Saal.

Ob sie die Lichter brennend nach Hause bringen?

Das ist ihr Ziel! Das Licht von der Christnacht in die Häuser zu bringen ..., und schon an der Saaltür droht der erste Luftzug; aber der Vater wartet schon, er hält den Hut schützend bereit.

Und nun geht's vorsichtig durch die Straßen, bis hinter den Hutberg, hinten im Feld und unten im Tal. Manchmal ist das Licht so eingehüllt wie die Fackeln in den Krügen bei Gideon; aber dann sieht man sie wieder, helle Lichter mitten in der Dunkelheit. Haben Kinder gemeinsamen Weg, so geht's leichter, sich das Licht mitzuteilen, gilt, bis mans nach Hause gerettet hat, wo der „schmucklose" und darum doch so schöne Baum auf das Licht der Christnacht wartet. Dann sind auch die Klänge des Bläserchores verstummt.

Der hatte draußen gestanden und seine Lieder begonnen, als die Saaltüren sich öffneten. Sie blasen treulich, bis alle Gemeinglieder in die Häuser gefunden haben. Und wenn auch manche einen weiten Weg haben, die Lieder sind ja unerschöpflich in der Gemeine.

Was sie vorher im Gemeinsaal tat, was die Posaunen dann übernommen hatten, geschieht nun in den Häusern: sie singen vom Wunder der Weihnacht! Denn „ ... Leute, die hören mögen, findet man durch die ganze Welt", meint Zinzendorf, „aber Leute, die ihrem Herrn singen und spielen, und die es in Jahren nicht überdrüssig werden, die findet man nicht überall, sondern nur unter den Seinigen, sonderlich aber wo Gemeinen sind; die haben das voraus."

Ehre sey Gott in der Höhe

Zum Aufsagen
in der Weihnachtszeit

Nikolaus Ludwig Graf von Zinzendorf

Ich bin ein kleines Kindelein,
und meine Kraft ist schwach,
ich möchte gerne selig sein
und weiß nicht, wie ich's mach.

Mein Heiland, du bist mir zugut
geworden auch ein Kind
und hast mich durch dein teures Blut
erlöst von aller Sünd.

Ach nimm mein ganzes Herz dir hin,
nimm's, lieber Heiland, an;
ich weiß, dass ich dein Eigen bin,
und geb dir, was ich kann.

Peter Borns frohes Weihnachtsfest

Max Zeibig

Der kleine Peter Born wurde in Armut groß. Das gab ihm einen außerordentlich praktischen Sinn. Mit seinen blauen Augen guckte er scharf in die Welt, erfasste die Dinge um sich ganz genau und prüfte sie sodann daraufhin, wie sie ihm nützen oder schaden könnten. Wer nun aber meinen würde, der Peter wäre also mit seinen dreizehn Jahren ein nüchterner Bursche gewesen, der irrt sich gewaltig; denn Peter Born war auch ein Himmelhoch, der seine Umwelt und alles Geschehen in ihr mit großer Herzenskraft und sonnigem Sinn zu verklären wusste.

Sie war doch so schön, die Welt! Konnte es denn überhaupt noch einmal ein Dorf wie sein Loschwitz geben, wo die Häuser von den gartenreichen Hängen mit dem Bach hinabliefen bis zu dem herrlichen Elbestrom, wo der kluge Baumeister Bahr eine Kirche inmitten gestellt hatte, wie man sie sich suchen sollte, wo auf der Höhe der stundenlange Wald begann, von dessen Rand aus man das ganze große Dresden selig mit den Augen trinken konnte, dass das Herz vor Wonne jauchzte! Freilich, das Häusel, das schrägüber von dem wohlhabenden Kaufmann Melzer giebelwärts auf die Pillnitzer Straße ging, mochte reichen Leuten wohl etwas ärmlich erscheinen; aber dem Peter blieb es doch eine schöne Welt.

Zunächst war da ein Gartentor, das von zwei steinernen Säulen gehalten wurde, darauf man fröhlich mit den Beinen baumelnd sitzen konnte, wenn die Grenadiere oder Schützen vom Felddienst heimkamen mit einer Musik, dass man jeden Einzelnen der schwitzenden Bläser hätte umarmen mögen. Dann kam ein kleines Vorgärtchen. Dort zog die Schwester Helene ihre Blumenkinder groß. Und deren waren so viele! Im Frühling Schneeglöckchen und Märzenbecher, Veilchen und Vergissnichtmein, im Sommer Brennende Liebe, die roten Rosen und süßen Nelken, im Herbst Astern und Georginen, dass es fast das ganze Jahr duftete und blühte und man kaum merkte, wie grau und armselig das kleine Haus war. Übrigens deckte ja auch der Wein, der fast bis an die Dachsparren kletterte, manche schadhafte Stelle freundlich zu.

Und wäre es noch so trüb und grau gewesen, das Häusel war doch ein heimliches Königreich! Da war er geboren, da spielte er mit den Geschwistern und erzählte ihnen manchmal gruselige Geschichten; da lebte seine Mutter und schaffte und sorgte mit nimmermüden Händen.

Die arme Mutter! So verlassen, allein! Wie sie sich rackerte und plagte. Vom frühen Morgen bis zum späten Abend auf den Beinen. Es war nicht leicht, tagein, tagaus für die feinen Herrschaften hier oder in der Stadt die Wäsche zu waschen. Und wie sie wusch! Und gar, wie sie plättete! So blütenweiß kam alles aus ihrer Hand und so glänzend! Ein wahrer Staat, es zu sehen!

Die Leute sollten aber ja nicht glauben, dass die Mutter nur waschen und plätten könne. O nein! Peter wusste das besser. Oftmals, wenn die Geschwister schliefen, rief sie ihren Peter zu sich an den Tisch und gab ihm aus dem reichen Schatz besserer Tage und einer glücklichen Jugend, erzählte ihm wundersame Geschichten von großen Dichtern, die hier gewohnt, von Körner, Goethe und Schiller. Und manchmal saß sie dann vor ihm und begann mit leiser, geheimnisvoller Stimme:

„Zu Dionys, dem Tyrannen,
schlich Möros, den Dolch im Gewande!"

In solchen Stunden zogen seltsame Freuden in des Knaben empfängliches Herz. Da wuchsen die Abende bis in die Nächte, und oftmals musste die nahe Kirchturmuhr mit zwölf dunklen Glockenschlägen zum Schlafengehen mahnen. Das waren die Abende, da Peter Born mit wundervollen Wünschen bis in den Himmel ging; das waren die Abende auch, in denen er sich immer wieder fest vornahm, die Mutter ganz gewiss nie zu verlassen.

Die Not war gar oft bei ihnen zu Gaste. Vier kleine Mäuler stopfen, dann und wann Krankheiten im Haus, alte

Schulden bezahlen, das ging doch oft über die Kräfte einer armen Frau, mochte sie noch so mutig mit dem Dasein kämpfen.

So stand wieder einmal das Weihnachtsfest vor der Tür, just, als der letzte Groschen aus dem Hause war. Sie hatte noch gar nicht an das Fest denken können, denn es gab alle Hände voll zu tun. Finanzrats in Dresden wollten die Wäsche unbedingt am Heiligabend haben. Peter sollte sie morgen früh in die Stadt tragen.

Wenn dessen Doppelnatur, nämlich die des Guckindiewelt und Himmelhoch, irgendwann besonders zum Vorschein kam, so war es um die Weihnachtszeit. Nicht nur, dass die Lieder, die der Herr Kantor mit seinen Chorknaben übte, immer wieder in seiner Seele klangen, so sehr, dass er sie sogar auf der Ziehharmonika nicht übel spielte, indem er die Bässe mit ganz geschickten Wechsel- und Durchgangsnoten verband, nein, zur Weihnachtszeit war es ihm überhaupt selig ums Herz. Die Welt hatte da ein ganz anderes Sein; die Menschen schienen ihm viel freundlicher und gütiger als sonst, dazu widerhallten in seinem Herzen alle die Weihnachtsmärchen und -geschichten, die er je gehört hatte.

Dann aber stand er auch plötzlich wieder mit beiden Füßen in der Wirklichkeit. So war er am Tage vor dem Heiligen Abend nach dem Mittagessen plötzlich aus dem Hause und kam erst wieder, als es dunkel war. In der Hand hatte er einen schönen Christbaum. Zum Förster in Buhlen war er gegangen und hatte sich die Erlaubnis erbeten, ein Bäumchen für die Mutter schneiden zu dürfen. Der Förster, selbst weihnachtlich gestimmt, hatte es dem Buben, wie im vorigen Jahr, erlaubt. Der Christbaumschmuck, die blauen, grünen und goldenen Kugeln, die Kerzenhalter, die Gold- und Silbersträhnen und der weiße Engel von der Spitze wurden von Jahr zu Jahr aufgehoben; die Lichter freilich waren bis auf ein paar kärgliche Stümpflein herabgebrannt. Aber da würde schon noch Rat werden! Das war ja das Schöne, dass Peters Herz das Hoffen nie verlor.

Es war am Morgen des 24. Dezember im Jahre 1876. Um sieben Uhr war's noch dunkel. Da kam die Mutter und weckte ihren Jungen mit sanftem Streicheln. „Peter, steh auf! Musst in die Stadt, 's ist Zeit!" Und Peter sprang auf, zog seine Höslein an, holte am Brunnen frisches Wasser und wusch sich schnell und mutig.

Draußen fiel leise der Schnee. Das gefiel ihm. Da gab's ein schönes Marschieren, und die Silbersterne von Eis und Schnee gehörten nun einmal in ein richtiges Weihnachtswetter. So ging ein frohes Licht in Peters Herzen auf.

Mit einigen guten Ratschlägen – munter auszuschreiten, sich nicht aufzuhalten und ja das Waschgeld, einen Taler sieben Groschen, heimzubringen – nahm der Knabe seinen Wäschekorb auf die Schulter und schritt mit unbekümmertem Sinn in den Morgen hinein.

Das Dorf wachte erst langsam auf. Bei Melzers klingelte die Ladentür. Im Laden war noch Licht. Die Schaufenster hatte der tüchtige Kaufmann fein geschmückt, und ein Ruprecht lief schnurstracks über die blanke Scheibe. Der Bach kam von der Höhe und murmelte ganz zufrieden, weil er tausend Schneeflocken auf einmal verschlucken konnte. Das war überhaupt ein interessantes Spiel, das Flocken und Wellen miteinander trieben; aber Peter durfte doch nicht verweilen. Hätte er einen Zweipfenniger gehabt, so wäre er wohl am Bach entlanggelaufen, um von Demnitzers Gasthof aus mit dem alten Salzer überzufahren. So hatte er aber keinen Heller und musste bis in die Neustadt hinein, um dann über die Augustusbrücke zu gehen. Es war freilich ein Umweg; doch der hatte auch seine Reize. Wie da die große Stadt in dem winterlichen Frühlicht hinter den Kiefern- und Birkenbüschen von Blasewitz immer näherrückte, wie die Frauenkirche eine mächtige Pelzhaube aufhatte und wie die Schneeflocken die stolzen Türme neckten, das machte ihm doch einen Heidenspaß. Zudem wurden die Gärten und Weinberge, die an seiner rechten Seite über den Mordgrund zur Heide hinaufstiegen, auch immer märchenhafter in ihrem neuen Winterkleid. Die Zeit zu verkürzen, probierte er einmal die Weihnachtslieder, erst pfeifend, dann singend. Der Korb rückte dann und wann von der einen Schulter auf die andere. Auch überlegte er, was wohl für den Taler und sieben Groschen, die er erhalten würde, alles zu kaufen sei. So kam er bei Antons vorbei und dem Waldschlösschen, und da ging es bereits über die breite Brücke, an der Wache vorüber bis auf den Neumarkt, wo Finanzrats wohnten.

Munter stieg er die zwei Treppen hoch in dem Haus, das noch ganz düster war. Auf sein Klingeln öffnete die Hausmagd. Er folgte dem Mädchen durch den großen Vorsaal mit den feinen Kirschbaummöbeln in die Küche. Anna räumte die Wäsche in einen mächtigen Schrank und stellte dann dem Knaben den leeren Korb hin.

„Und die Wäsche kostet einen Taler und sieben Groschen, hat die Mutter gesagt", klang es jetzt fast schüchtern von Peters Mund.

„Ja, ist schon gut, Peter, Finanzrats sind jetzt nicht zu Hause; ich bring euch das Geld mit der nächsten Wäsche", entgegnete das Mädchen, nicht ahnend, welchen Schmerz sie damit dem braven Jungen bereitete.

Da fror es dem guten Peter ein bisschen im Herzen. Ein Taler sieben Groschen! Das wäre so schön gewesen! Lichter, ein Viertelchen Bohnenkaffee, etwas Fleisch für den ersten Feiertag und einen kleinen Stollen. O weh! Nun war's um ein fröhliches Weihnachten geschehen! Ob er es dem Mädchen noch einmal sagte? Nein! Nein! Nein! Er biss sich auf die Lippen. Die Leute brauchten nicht zu wissen, wie arm sie zu Hause waren! Und eilig fast nahm er Mütze und Korb, wünschte gesegnete Weihnacht und lief davon.

Nun stand er auf dem Markt. Die gute, alte Frauenkirche sah ihn gar freundlich an, und der Doktor Martin Luther stand so ernst da. Und ihm war es so weh, dass ihm fast die Tränen in die Augen stiegen.

Nun musste er auch den weiten Weg zurück und konnte wieder nicht überfahren. Aber eine Freude wollte er sich machen. Die Weihnachtsstadt wollte er sehen.

So ging er zuerst in die Frauenstraße. Gleich neben Klepperbeins war ein kleiner Bäcker, der hatte um Weihnachten immer Hänsel und Gretel und das Hexenhäusel aus Pfefferkuchen ausgestellt. Das gefiel ihm so sehr. Das sah er sich an. Und dann ging er durch die Schößergasse nach dem Altmarkt, wo der Striezelmarkt die schönsten Weihnachtssachen zum Kauf ausbot. Da wurde man gar nicht fertig mit Sehen: Die Pfefferkuchenbuden aus Pulsnitz, die Buden mit Spielsachen aus dem Erzgebirge, die Männer mit den Brummkreiseln und Mäuschen, die fortliefen und herkamen, je nachdem, wie der Mann den Faden zog, die Pflaumenruprechte, der Christbaumschmuck, so schön im Glitzerglanz, wie man ihn kaum denken konnte, und endlich die Knaben und Mädchen mit dem leuchtenden Gold- und Silberhaar! Ach, das war alles so schön wie in einem Märchenland!

Da schlug es vom Kreuzkirchenturm elf Uhr. Oho, Peter, jetzt ist es Zeit! Die Mutter wird auf dich warten! Und er eilte, nicht rechts und links mehr sehend, die Schlossstraße hinab, durch das Georgentor nach der Brücke und ging denselben Weg heim, den er gekommen; aber nicht mit demselben Herzen.

Der Zeiger der Loschwitzer Kirchturmuhr rückte schon bedenklich nahe auf zwei Uhr, als Peter heimkehrte. Mutter Born hätte ihren Jungen nicht kennen müssen, wenn sie ihm nicht gleich am Gesicht abgelesen hätte, dass er kein Geld nach Hause brachte. Es durchfuhr die Frau ein leiser Schreck. Sie dachte an den Heiligen Abend. Wie gerne hätte sie heute und morgen ihren Kindern eine Freude gemacht! Nun konnte sie es beim besten Willen nicht. Es fehlte am Nötigsten. Borgen? Nein! Sie kannte die Sorgen zu gut, die vom Borgen kommen. Lieber arm sein, auch zu Weihnachten.

Peter musste, nachdem er sein gewärmtes Süppchen gegessen, in die Schule zum Singen. Der Herr Kantor hatte geschickt. Punkt drei war Peter zur Stelle. „Christkindleins Bergfahrt" sollte noch einmal gesungen werden. Mitten im Liede ging ein freudiges, zufriedenes Lächeln über des Herrn Kantors Züge, und beim Taktieren ruhten seine freundlichen Augen mit besonderem Wohlgefallenen auf

Peter Born. Ein tüchtiger Sänger war er ja alle Zeit und ein lieber Kerl obendrein! Aber dass er gerade jetzt so kräftig und so andächtig sang, musste doch seine Bewandtnis haben:

„So durchfährt zur Weihnachtszeit
Jesus Christ und sein Geleit
Tal und Berge, Flur und Wald,
weit ringsum sein Lob erschallt!

Weihnachtsgaben bringt er dar.
Fröhlich jauchzt der Kinder Schar
ihrem Christkindlein entgegen,
das da Glück bringt allerwegen."

Bei dieser Liedstelle war dem Peter ein Gedanke gekommen, und eine Hoffnung war erblüht, brennend wie eine Christrose: Sie würden zu Hause doch noch Weihnacht feiern!

Um vier Uhr entließ der Kantor seine jugendlichen Sänger, die wild auseinander stoben, ging es doch dem heiligen Christfest entgegen.

Einer nur schritt nachdenklich nach Hause. Die Mutter saß mit den Geschwistern in der Stube. Sie putzte das Bäumchen, und die Kleinen halfen ihr dabei.

„Und die Lichter fehlen doch!", dachte Peter und ging heimlich in die Kammer. Dort füllte er seinen Wäschekorb noch einmal. Er wusste ja Bescheid. Das war die Wäsche von den Gastwirtsleuten Pönitz, die seit Jahren die Wirtschaft auf dem Schiff „Außig" betrieben. Das war heute früh doch stromauf gefahren, es musste also gegen Abend zurückkommen. Um sechs konnte es da sein. Also wollte er sein Glück versuchen.

Zwei Taler drei Groschen, stand auf dem Zettel. – Zwei Taler drei Groschen! Wenn es glückte, gab's doch noch Weihnachten!

Ganz verstohlen ging Peter aus dem Hause. Draußen war es schon dunkel. Nur ein paar trübe Laternen brannten. Es hatte aufgehört zu schneien; aber es wurde kalt.

Und wenn es so weiter fror, würde bald der Eisgang einsetzen und es würden keine Schiffe mehr fahren. Aber die „Außig" musste heute noch zurückkommen. Von solchen Gedanken bewegt, kam der Knabe an die Elbe.

Welch tiefe Stille hier unten an dem dunklen Strom! Das große Dresden schickte mit seinen tausend Heiligabendlichtern einen roten Schein zum Himmel hinauf, zum Himmel, wo heute Abend das Christkind seinen Festtag hatte. Da schlugen auf einmal die Turmuhren sechs dumpfe Schläge, und ein großes, ergreifendes Läuten begann, dass es dem Peter ganz wunderbar zumute ward. Er stellte seinen Korb zu Boden und betete, dass das Christkind ihm auch ein fröhliches Weihnachten bescheren möge. Dann ward es wieder ganz still. Nur die Elbe rauschte, und die Wellen, die sich am Ufer verloren, plätscherten noch ein ganzes Weilchen. In den hohen Häusern wurde es hell, und hinter den Fenstern sah man Christbäume im Lichterglanz aufleuchten, sah Eltern mit den Kindern an den Gabentisch treten, und aus einem Haus scholl die traute Weise:

> „Stille Nacht, Heilige Nacht,
> Hirten erst kundgemacht.
> Durch der Engel Halleluja
> Tönt es laut von fern und nah:
> Christ, der Retter, ist da!"

Plötzlich horchte Peter Born auf und sah mit gespannten Blicken stromaufwärts, dorthin, wo die Elbe bei Wachwitz leicht umbiegt. Kam da nicht ein Schiff? Da kam ein Schiff! Schon leuchteten seine Lichter und warfen ihren hellen Schein auf die Fluten. Sicher, das war die „Außig"!

Jetzt lief Peter eiligst ein Stück vorwärts. „Herr Salzer, Herr Salzer! Ich bitt' Sie recht schön, fahren Sie mich über nach Blasewitz! Ich muss Herrn Pönitz die Wäsche abgeben! Ich bezahle Ihnen dann den Zweier! Ich bitt' schön, Herr Salzer, fahren Sie mich nach Blasewitz!" Und der

Herr Salzer, ein Mann von altem Schrot und Korn, fuhr den Peter nach Blasewitz. Der saß ganz glücklich in der Schaluppe, währenddem der Fährmann seinen einzigen Fahrgast für die zukünftigen zwei Pfennige sicher über den Strom brachte, indem er erst aufwärts stakte und dann von der Mitte des Stromes mit ein paar Ruderschlägen den Kahn ans Ufer geleitete. Kaum hielt er an, sprang der Knabe heraus und stand schon auf der Haltebrücke in Blasewitz. Durch den stillen Abend klangen schrille Glockentöne. Das Schiff „Außig" steuerte auf Blasewitz. Es hatte noch nicht angelegt, da war Peter schon darauf, und mit einem: „Ich muss zum Herrn Pönitz!" am Kapitän vorbei stürzte er förmlich in die Kajüte.

Oh welche Seligkeit! Da stand ein brennender Christbaum! Da war Licht, Wärme, Liebe! Als wäre das heilige Weihnachtswunder wieder wahr geworden, stand der Junge und staunte in die helle Pracht.

„Ei, da kommt der Peter Born mit der Wäsche! Das ist schön, dass du uns nicht vergessen hast", sagte die freundliche Wirtin, „und was kostet der Korb?"

„Zwei Taler drei Groschen, Frau Pönitz!"

„Ist gut. Hier ist das Geld!"

„Oh, ich dank schön! Ich dank schön, Frau Pönitz, tausend Dank für das Geld!", stammelte Peter in glücklichster Verwirrung.

Ja, ich glaube, die Frau erschien ihm jetzt wie ein von Gott gesandtes Christkindlein. Nun kam sie gar noch mit einem Topf Kaffee. Oh, wie der duftete. Und ein Stück Stollen mit Mandeln und Rosinen und Zucker ganz dick obendrauf. Derweilen er tapfer aß, packte ihm die Wirtin einen schönen halben Stollen ein.

„Für die Mutter!", sagte die Frau, „und bring ihr einen schönen Gruß. Wir wünschen ihr frohe Weihnachten!" Da fuhr das Schiff schon wieder und war gleich in Loschwitz. Peter trank seinen Kaffee, biss in seinen Stollen, sah auf den brennenden Christbaum, und dicke Tränen kollerten ihm über die Wangen.

Nun war doch noch Weihnachten!

Das Schiff hielt. Mit herzlichem Dank und das Geld fest in der Hand eilte Peter die Stufen hinauf, hinweg vom Schiff, das weihnachtlich in den Abend fuhr.

Peter stand wieder allein. Aus allen Häusern im Dorf glänzten die Lichter, und die Sterne funkelten zu Millionen am dunkelblauen Himmel, guckten neugierig in das Wasser und freuten sich, wie der frische Schnee glitzerte. In Peters Herz aber saßen viele Engel und sangen immerzu:

"O du fröhliche, o du selige,
gnadenbringende Weihnachtszeit!"

Doch da war der Himmelhoch schon wieder der Guck-indiewelt. "Herr Salzer!", rief er, "ich hab das Geld! Hier ist das Geld!"

"Lass nur gut sein, Junge! Ich schenk dir's zu Weihnachten! Und sag der Mutter einen schönen Gruß!"

Ja, ja zu Weihnachten sind alle Menschen mild und lieb, wie der Herr Jesus; auch der alte Salzer! ...

So ging der Peter zum Fleischer Lindner und besorgte ein Pfund Rindfleisch zum Kochen und für fünfzehn Pfennig Knochen und ein halbes Pfund Wurst für heute Abend, ging zum Bäcker Tanner und kaufte Semmeln und ging zum Kaufmann Melzer und kaufte ein Viertelchen guten Kaffee, Bohnenkaffee, und ein Pfund Reis und Rosinen dazu und fünfzehn Lichter, bunte Lichter, wie sie auf der Ladentafel in der Schachtel lagen.

Und als er alles bezahlt hatte, blieb ihm immer noch mehr als ein Taler. Freudig eilte er heim. Wie würde die Mutter staunen!

Die hatte sich freilich etwas gesorgt. Wo er nur blieb, der Peter! Plötzlich war er weg gewesen. Da stürmte er zur Stube herein. "Mutter, 's ist Weihnacht! Weihnacht! Ich habe Geld!"

"Ei, der Tausend, woher?"

Und als er erzählt und ausgepackt hatte, nahm sie seinen heißen Bubenkopf in ihre Hände, küsste ihn herzlich, und ihre Tränen netzten seinen dunkellockigen Haarschopf.

Dann mussten die Kinder in die Kammer. Ein halb'

Stündlein später rief die Mutter sie wieder in die Stube. Da brannte das Bäumchen mit fünfzehn bunten Lichtern, dass der alte Christbaumschmuck leuchtete wie neuer, und der Engel auf der Spitze blies:

„Ehre sei Gott in der Höhe!"

Unter dem Bäumchen lagen nun doch ein paar Geschenke, für jedes Kind ein paar warme, wollene Strümpfe, von der Mutter in den Nächten heimlich gestrickt, für die Schwester dazu eine Mappe, für die Brüder ein Kästchen mit einem Spiel Soldaten. Peter aber fand neben seinen dicken wollenen Strümpfen Schillers Gedichte. Der Herr Kantor hatte sie heimlich für seinen liebsten Schüler geschickt.

Da hatten beide, was sie brauchten: der Guckindiewelt warme wollene Strümpfe und der Himmelhoch schillersche Gedichte.

Während die Kinder beglückt ihre Geschenke bewunderten, kochte das Wasser in der Röhre, und nach dem Abendbrot gab es Kaffee und Stollen und ein seliges Singen von froher Weihnacht, dass man so glücklich war wie nur irgendein Haus im ganzen deutschen Weihnachtsland. Dann las die Mutter voller Andacht die Weihnachtsgeschichte, und die Kinder hörten freudig zu. Danach mussten die Kleinen zu Bett. Peter aber blieb mit der Mutter noch ein Stündlein wach. Als er schlafen ging, war es wieder fast Mitternacht. Noch im Einschlafen spielte um seinen Mund ein seliges Lächeln. Wer weiß, welch wundersames Weihnachten noch in seinem Herzen erstand!

Einmal, mitten in der Nacht, wachte die Mutter auf. Peter sang im Traume ganz, ganz leise:

> Es ist ein Ros entsprungen
> aus einer Wurzel zart;
> wie uns die Alten sungen,
> von Jesse kam die Art.
> Und hat ein Blümlein bracht
> mitten im kalten Winter,
> wohl zu der halben Nacht.

Mit diesem Gesang wollte der Herr Kantor morgen zum Weihnachtsgottesdienst seinen guten Loschwitzern eine besondere Freude machen. Seine Jungen, die würden es schon machen, und der Peter würde singen, dass der Herr Pfarrer und die Leute aufhorchen sollten und sagen: „Ei schau, der Peter Born ist doch ein rechter Himmelhoch! Muss der ein frohes Weihnachten haben!"

Muhme Lenelies und ihre Freunde

Josephine Siebe

Wie viele Freunde Muhme Lenelies hatte, das weiß ich nicht. Wenn aber in Oberheudorf einem Buben unversehens die Hosen platzten oder einem Mädchen alle Nadeln aus dem Strickzeug fielen, dann erinnerten beide sich sicher an ihre Freundschaft mit Muhme Lenelies. Es ist nicht zu sagen, wie viel Hosen die alte Frau schon in aller Freundlichkeit und Heimlichkeit gestopft hatte, und wie viel Strickzeuge unter ihren Fingern wieder in Ordnung gekommen waren.

Wie alt Muhme Lenelies war, wusste niemand genau. „Siebenmal so alt wie du und noch etwas drüber", sagte sie zu Schulzens Jakob, als dieser neun Jahre zählte.

Am äußersten Ende des Dorfes, dort wo des Schulzen Haselnussberg etwas steil in die Höhe stieg, lag Muhme Lenelies' Haus. Eigentlich war es nur eine Hütte, an der das Größte und Schönste die breite Feueresse war. „Eine rechte Feueresse gehört zur Gemütlichkeit", pflegte Muhme Lenelies zu sagen, wenn sie an ihrem Herd stand und durch das Essenloch, das sich unten zu einem Rauchfang erweiterte, den blauen Himmel leuchten sah.

Das Häuschen war niedrig und eng. Es hatte nur eine Stube und eine schmale, dunkle Kammer, in der die alte Frau Holz, Milch, Brot und was sie sonst im Hause hatte aufbewahrte. Ein winziger Stall, in dem eine Ziege und etliche Hühner eng, aber gemütlich zusammenwohnten, und ein kleiner Garten, in dem Bohnen, Kartoffeln, Rosen, Gurken, Feuerlilien, Mohrrüben, Malven, Himbeeren und noch vielerlei kunterbunt durcheinander wuchsen, gehörten noch zum Häuschen. Daraus kann jeder sehen, dass Muhme Lenelies nicht reich war, nein, eigentlich war sie arm; sie musste sich recht mühsam ihr bisschen Zubrot durch Beeren- und Kräutersuchen verdienen.

Manch einer hätte da gejammert und gestöhnt, doch daran dachte Muhme Lenelies nicht; sie war immer vergnügt und guter Dinge. Plagte sie einmal das Reißen, oder war ihr der Kaffee ausgegangen, und sie hatte kein Geld, sich welchen zu kaufen, dann sagte sie: „Das Leben ist wie eine Butterschnitte. Manchmal kommt eine Stelle, wo gerade keine Butter hingekommen ist, da muss man eben ruhig weiter essen, bis wieder Butter kommt." Und dampfte dann wieder Kaffee in ihrer braunen Kanne, dann sagte sie schmunzelnd: „Seht, jetzt bin ich wieder an einer guten Stelle bei meinem Lebensbutterbrot."

Obgleich nun Muhme Lenelies arm, alt und dazu recht hässlich war, liebten sie doch alle Kinder. „Das kommt von ihrem guten Herzen", sagte die Schulzenfrau stets, wenn sie von der Muhme sprach.

Im Sommer, wenn es in Wald und Feld so viel zu bewundern und zu begucken gab und der Tag voller Lust und Leben war, vergaßen die Oberheudorfer Buben und Mädel freilich manchmal, Muhme Lenelies zu besuchen. Aber im Winter, wenn die Sonne das Zubettgehen gar nicht erwarten konnte, da saßen immer etliche Wildfänge in Muhme Lenelies' Stube und bettelten: „Muhme erzähl' doch was!" ...

Am schönsten war es so um Weihnachten herum bei Muhme Lenelies. Vier Wochen vorher roch es dort schon weihnachtlich. Die Muhme lachte immer, wenn die Kinder kamen, ihre Näschen in die Luft reckten und wie Hundchen schnuppernd riefen: „Hier riecht's nach Weihnachten!" Flugs warf dann die alte Frau noch einige Tannenzapfen in das Feuer. Das prasselte und sprühte, und ein feiner, süßer Weihnachtsduft zog durch das Zimmer.

Am ersten Adventsonntag wurde in dem Häuschen ein Fest gefeiert, da gab es Bratäpfel. Der große Apfelbaum, der neben dem Hause stand wie ein großer, guter Wächter, sorgte dafür, dass die Muhme jeden Herbst etliche Körbe voll Äpfel einernten konnte. Ein bisschen hart und säuerlich waren die Früchte zwar, aber Muhme Lenelies meinte, der Baum sei eben ein Bratapfelbaum, dagegen sei nichts zu sagen. Alle Kinder stimmten ihr zu, und wer nur einen einzigen Bratapfel bei Muhme Lenelies gegessen hatte, der erklärte sicher, dass nirgends in der weiten Welt bessere Bratäpfel zu finden seien ...

Wieder einmal stand der erste Advent und das Bratäpfelfest vor der Türe. Etliche Tage vorher wisperten und flüsterten die Kinder schon von dem Fest, zu dem Muhme Lenelies erstens eine neue Geschichte und zweitens Pfefferkuchen versprochen hatte. Die Pfefferkuchen, die die Muhme ihren Gästen vorsetzte, waren weder sehr groß noch sehr mit Mandeln gespickt. Es waren recht einfache, billige Kuchen, und doch schmeckten sie den Kindern stets über die Maßen gut; vielleicht machte sie die große Liebe, mit der sie gegeben wurden, so besonders schmackhaft.

An dem Sonnabend vor dem Feste rüstete sich Muhme Lenelies am Morgen zur Fahrt in die Stadt, um dort die Pfefferkuchen zu kaufen. Sie holte sie jedes Jahr bei einer als geizig verschrienen Konditorsfrau, die das größte Geschäft in der Stadt hatte. Der Gastwirt Kaspar auf dem Berge fuhr auch nach der Stadt und hatte sich erboten, Muhme Lenelies mitzunehmen. Zurück musste sie freilich gehen, aber sie fürchtete sich nicht vor dem langen Wege und lachte vergnügt, als einige Buben ihr versicherten, sie würden ihr entgegenkommen und sie in ihrem Handschlitten heimfahren. Heine Peterle warnte die Muhme noch sehr dringlich vor allerhand Gefahren in der Stadt, und als sein Vater ihm vorschlug, doch mitzufahren, lief er mit purpurrotem Gesicht wütend aus der Stube.

Muhme Lenelies kam wohlbehalten in der Stadt an und ging in den Pfefferkuchenladen, in dem so viele Leute waren, dass die alte Frau ganz verlegen wurde. Aber die Konditorsfrau, die sie von Ansehen kannte, sprach freundlich zu ihr, und die Muhme brachte ihr Anliegen vor und erzählte dabei treuherzig, wozu sie so viele kleine Pfefferkuchen brauchte. Etliche junge Mädchen bedienten die Kunden und packten die eingekauften Waren in große Pakete zusammen. Nachdem Muhme Lenelies eine ganze Weile gewartet hatte und etliche Male nach ihren Wünschen gefragt worden war, legte eines der Mädchen ihr ein recht umfangreiches Paket in den Tragkorb. Die alte Frau nahm ihre mühsam gesparten Groschen aus ihrem Beutel, händigte sie der Konditorsfrau ein und ging, noch einen sehnsüchtigen Blick auf alle im Laden aufgestellten Herrlichkeiten werfend, mit freundlichem Gruß von dannen. Unterwegs dachte sie an all die Kasten voll feiner Schokoladenbonbons, an die Marzipanfrüchte und bunten Kuchen. Wie gern hätte sie für ihre kleinen Freunde und Freundinnen in Oberheudorf recht viel eingekauft!

Der lange Weg wurde ihr nicht lang, obgleich die Pfefferkuchen merkwürdig schwer im Korbe lagen. Muhme Lenelies dachte an die Geschichte, die sie morgen erzählen wollte, und sonst noch an allerlei liebe, freundliche Dinge und stapfte dabei wohlgemut weiter. Zart und weich rieselten die Flocken hernieder. Es war nicht kalt, aber doch blieb der Schnee liegen. Es sah ganz weihnachtlich feierlich aus, und die Muhme geriet in eine so fröhliche Weihnachtsstimmung, wie nur ein guter Mensch sie empfinden kann.

Ein lautes Geschrei unterbrach plötzlich ihr heiteres Sinnen. Auf einem Hügel tauchten fünf Gestalten auf, die mit großem Hallo auf die einsame Wanderin zukamen. Muhme Lenelies blieb stehen und lachte, denn sie kannte die fünf gut, die dort ankamen; es waren Heine Peterle, der blaue Friede, Schulzens Jakob, Schnipfelbauers Fritz und der lange Hans, der Wirtssohn.

„Wir wollen dich heimfahren, Muhme!", riefen alle fünf, und der kleine Holzschlitten, den sie zogen, flog hin und her wie ein Uhrenpendel.

„Ich geh lieber", meinte die Muhme, denn die Fahrt schien ihr etwas bedenklich.

Die fünf schrien vor Entrüstung laut auf und baten so eindringlich, dass die gute Muhme sich wirklich auf den Schlitten setzte. „Es liegt ja Schnee", dachte sie. „Wenn ich falle, fall ich weich", und – bums! da lag sie auch schon im Graben. Mit ihrem Korbe kollerte sie ein Stück bergunter, und als sie pustend und ächzend wieder aufstand, da waren die fünf Ritter schon weit entfernt; sie hatten in ihrem Eifer gar nicht gemerkt, dass sie die Muhme verloren hatten.

„Na, solche Buben!", meinte diese lachend, lud ihren Korb auf und eilte, so schnell sie konnte, auf einem Seitenweg ihrem Häuschen zu.

„Wir bringen Muhme Lenelies mit den Pfefferkuchen", schrien die fünf, als sie in das Dorf einfuhren.

Waldbauers Mariandel, die gerade hübsch artig und sittsam über die Dorfstraße ging, riss die Augen weit auf, und Annchen Amsee, die dazukam, quiekte: „Ach je, wo ist denn die Muhme?"

Schuster Pechdraht stand vor seiner Haustüre und rief auch: „Ja, wo ist denn die Muhme?"

Verdutzt hielten die fünf im Laufen inne, drehten sich um, – ja, wo war denn die Muhme?

„Wir haben sie verloren", murmelte Schnipfelbauers Fritz kleinlaut, und alle fünf schauten sich verlegen an. Dann aber rasten sie wie der Sturmwind zurück, um Muhme Lenelies zu suchen. Dabei erhoben sie ein so jämmerliches Geschrei, dass das halbe Dorf zusammenlief. Aus allen Häusern kamen die Leute herausgestürzt. „Was ist geschehen?" – „Wo ist die Muhme?"

Alle Kinder liefen den Weg zurück, um die verloren gegangene Muhme zu suchen, während die Erwachsenen nicht weiter beunruhigt in ihre Häuser zurückkehrten.

Muhme Lenelies saß inzwischen schon in ihrem Stübchen und schickte sich gerade an, Kaffee zu kochen, als sie das laute Geschrei der Kinder vernahm, die, nachdem sie sie nicht auf dem Wege gefunden hatten, sie in ihrem Hause suchten. Der Muhme saß der Schalk im Nacken. Flugs schloss sie die Haustür zu und verhielt sich mäuschenstill, soviel die Kinder draußen auch klopften und riefen. „Sie ist nicht da", riefen sie endlich jammernd und rannten in das Dorf zurück.

Unterwegs begegneten sie dem Gendarm. Das war ein freundlicher, gutmütiger Mann, mit dem alle Buben und Mädel gute Freundschaft hielten. „Muhme Lenelies ist verschwunden", klagten sie ihm, und der Gendarm ließ sich die Sache genau beschreiben, zog die Stirn in tiefe Falten und sagte: „Ganz gewiss liegt die Muhme irgendwo halb tot oder mindestens mit einem gebrochenen Bein oder zwei Löchern im Kopf am Wege."

Was ein Gendarm sagt, ist von großer Wichtigkeit. Auch die Erwachsenen bekamen Angst, und man begann, die verloren gegangene Muhme zu suchen. Leise kam schon die Dämmerung herbei, als sich alle wieder dem Dorfe näherten. Nirgends hatten sie die Muhme finden können.

„Bei der Muhme Lenelies raucht es ja!", rief plötzlich Waldbauers Mariandel mit klingender Stimme. Und richtig, aus der dicken Esse stieg der Rauch empor, und plötzlich erhellten sich auch die niedrigen Fenster. Muhme Lenelies war also daheim. Alle waren froh darüber, dass die Geschichte so gut abgelaufen war, die fünf Fahrer aber wurden weidlich ausgelacht und zogen recht beschämt von dannen.

Am nächsten Tage aber stellten sie sich vergnügt und pünktlich zum Bratäpfelfeste ein. Muhme Lenelies' Stube konnte die Schar der Gäste kaum fassen. Weil die Muhme weder genug Stühle, Bänke, Wascheimer und alte Kisten hatte, saßen etliche Buben und Mädel auf der Erde, als sei nicht Oberheudorf, sondern die Türkei ihre Heimat. Die Muhme hatte Strohbündel auf den Boden gelegt. Da saßen die Gäste warm und weich, und es gab viel Kichern und Lachen, als die Muhme jedem einen heißen Bratapfel zuwarf. Dann holte sie das Pfefferkuchenpaket hervor und begann es aufzuschnüren.

„Es ist so groß!", schrie Schnipfelbauers Fritz.

„Ja", sagte die Muhme erstaunt, die bis jetzt das Paket in ihrem Tragkorb hatte liegen lassen, „und so schwer ist es!"

Die Neugierde wurde lebendig in den kleinen Gästen, sie zitterten und zappelten und konnten es gar nicht erwarten, bis die Hülle fiel.

Aber das war auch eine Überraschung!

Potztausend, was war da alles in dem Paket! Muhme Lenelies setzte sich vor lauter Verwunderung auf den roten Samtstuhl und rief ein über das andere Mal: „Du meine Güte, die gute, gute Konditorsfrau!" Dabei packte sie etliche Tüten feine Schokoladebonbons aus, einen großen Kasten Marzipanfrüchte, Zuckerkringel, Makronen und Pfefferkuchen.

Die Kinder jubelten, jauchzten und umdrängten die gute Muhme und warfen sie beinahe mit all den süßen Herrlichkeiten und dem roten Polsterstuhl über den Haufen. Und dann ging ein Schmausen los; es war wie bei einem Gastmahl in einem Feenschloss. Selbst Schnurpsel geruhte einen kleinen Kuchen zu verzehren, und Mimi pickte an einem Zuckerkringel herum; nur Friederike sah verächtlich auf die Süßigkeiten.

Muhme Lenelies teilte alles ein. Wer daheim noch kleine Geschwister hatte, durfte diesen noch etwas mitbringen. Laut erklang bei diesem fröhlichen Feste das Lob der guten Konditorsfrau, die diese Überraschung bereitet hatte, und die Muhme beschloss, in den nächsten Tagen noch einmal nach der Stadt zu wandern, um ihren Dank abzustatten.

Sie tat das auch am nächsten Freitag. Da fuhr Friede Hopserling mal wieder in die Stadt und erklärte sich bereit, die Muhme mitzunehmen. Friede Hopserling war seit seiner Fahrt mit Heine Peterle noch nicht redseliger geworden, und Muhme Lenelies hatte daher Zeit, sich eine wunderschöne Dankrede einzustudieren. Die gute Frau konnte, wenn es darauf ankam, so flink reden, dass so leicht niemand zu Worte kam. Die Dankesrede murmelte sie einige Mal leise vor sich hin. Sie gefiel ihr selbst ungemein, und sie konnte sie auch wirklich ganz vortrefflich.

Als daher Friede Hopserling in der Stadt vor der Konditorei hielt, konnte es Muhme Lenelies kaum noch erwarten, ihr Sprüchlein zu sagen. Mit einer Geschwindigkeit, als sei sie noch ein blutjunges Dirnlein, kletterte sie vom Wagen herab und lief flugs in den Laden hinein, in dem wieder viele Käufer waren, gerade auf die Konditorsfrau zu, die breit und behäbig an der Kasse saß. Ehe diese noch wusste, wie ihr geschah, hatte Muhme Lenelies ihre Hand ergriffen, drückte sie herzhaft und sprudelte ihren Dank hervor.

Die Konditorsfrau starrte die Sprechende an, als erblickte sie ein Gespenst. Mitunter schnappte sie nach Luft und wollte etwas sagen, aber Muhme Lenelies ließ sich nicht unterbrechen, und ihre Rede war infolge der langen Fahrt auch recht lang geworden; es dauerte daher eine geraume Zeit, ehe sie fertig war.

Friede Hopserling, der versprochen hatte, auf seinen Fahrgast zu warten, wurde ungeduldig und knallte mit der Peitsche und schrie laut, dass alle Leute auf der Straße sich entsetzt umsahen: „Abfahren!" Muhme Lenelies erschrak und sprach noch schneller als vorher. Sie drückte der Konditorsfrau immer wieder die Hand, dankte der engelsguten Frau, wie sie sie nannte, und verließ dann eilfertig den Laden. Draußen kletterte sie dann vergnügt auf den Wagen, und Friede Hopserling fuhr los, denn er hatte das Mehl in eine andere Stadtgegend zu bringen.

Muhme Lenelies war von Herzen froh, dass sie ihren Dank angebracht hatte. Sie ahnte nicht, dass die Konditorsfrau wütend war und vor Ärger fast verging. Die Sache mit dem Paket war nämlich eine Verwechslung. Eine reiche Dame hatte all die schönen Sachen eingekauft und war sehr beleidigt über die kleinen, armseligen Pfefferkuchen gewesen, die man ihr dann zugeschickt hatte. Die Konditorsfrau hatte Muhme Lenelies' Namen und Wohnort nicht gekannt und hatte diese daher nicht zur Zurückgabe des Pakets auffordern können. Was half aber aller Ärger? Die feinen Schokoladebonbons und Marzipanfrüchte waren aufgegessen. Wohl schalt die Konditorsfrau, als sie endlich nach Muhme Lenelies' Abgang zu Worte kam, heftig, aber da saß die alte Bauersfrau schon wieder neben Friede Hopserling und erzählte diesem von der „engelsguten Konditorsfrau". Diese tobte und ärgerte sich so, dass sie am Nachmittag Leibschmerzen bekam und sich ins Bett legen musste; es war beinahe so, als hätte sie alle Schokoladebonbons allein aufgegessen.

Ja, so geht das manchmal im Leben. Die Konditorsfrau, die ihren Nebenmenschen nicht die Fettaugen auf der Wassersuppe gönnte, stand von nun an bei den Oberheudorfer Buben und Mädeln im höchsten Ansehen. Vielleicht erfahren die erst durch diese Geschichte, wie unfreiwillig die süße Überraschung an Muhme Lenelies' Bratäpfelfest ihnen zuteil geworden ist.

Die Puppenstube

Hubert Gerlach

Die schmutzige Glastür öffnete sich und schlug mit Getöse zurück, hundert Mal am Tag, zweihundert Mal vielleicht. Oben war eine lange Zugfeder angehängt. Sie gab der Tür Schwung, und jedes Mal, wenn die Tür zuschlug, zitterten die Glasscheiben, als wollten sie herunter auf den Beton stürzen und in wer weiß wie viele Teile zersplittern. Der Meister schob den Kopf aus seinem Bau wie ein misstrauischer Hamster, der Rauch seiner billigen Zigarre quoll neben dem Kopf durch den Türspalt, auch hundert Mal am Tag, öfter nicht, denn etwa vier Stunden am Arbeitstag stieg der Meister durch die Werkstatt oder von der Werkstatt über den Hof nach den Büros, immer den scheußlichen Geruch der Zigarre im Schlepptau.

Den Neuen hatten sie an die beiden Maschinen gestellt, gleich rechts von der Glastür, an die große WMW-Fräse und die alte Flächenschleifmaschine. Dort blieb er, ohne mit jemandem ein Wort zu wechseln, das Gesicht im Schatten des zerknautschten Mützenschirms, ein ernsthaftes Gesicht, von dem niemand sagen konnte, ob es Freude an Blumen oder jungen Mädchen hatte.

Er hob den schweren Schraubstock auf den Tisch der Fräse und spannte die Klötzer ein, die auch oft ein respektables Gewicht hatten. Dann hörte man den Fräser über das Material rattern. Der milchige Strahl des Kühlmittels floss gleichmäßig darüber. Der Neue wandte sich mit eckiger Bewegung um. Die Flächenschleifmaschine lief, er brauchte nur umzuschalten, und der Tisch bewegte sich, Hub für Hub, halbmillimeterweise zurück.

Danach stand der Neue da wie angewurzelt, und obwohl er einen Namen hatte wie jeder andere, blieb er doch der Neue, vierzehn Tage lang, drei Wochen lang und noch länger, bis er im November mit der Puppenstube ankam.

Links von der Glastür, gleich hinter der Meisterbude, zog sich die Werkbank der Schlosser unter den Fenstern hin. Morgens lag die Sonne darauf, wenn sie schien, sonst wenigstens die Helligkeit des Tages, dazu Gerümpel, das gereinigt, repariert und in irgendeine Maschine eingebaut werden musste, und Kalenderblätter der vergangenen Tage, auf deren Rückseiten Kochrezepte standen oder Aphorismen oder Gedichte von Wilhelm Busch, Verse von Goethe. Das alles, bis auf das Licht, schob der Neue mit einem seiner kurzen Arme beiseite. Das Licht lag einen Augenblick auf seinem Arm und auf seinem Gesicht, und auf seinem Gesicht kam etwas zum Vorschein, das einen von uns zwang, den Neuen nach seinem Namen zu fragen. „Kern", sagte der Neue brummig. Er überließ es uns zu raten, ob es der Vor- oder Nachname war.

Er stellte seine Puppenstube auf den frei gewordenen Fleck der Werkbank, ein altes, schäbiges Ding von einer Puppenstube, eine bloße Kiste, die zu verfeuern sich nicht lohnte. An manchen Wänden der kleinen Räume klebten noch die Fetzen einer schmutzigen Tapete. Verrostete Reißzwecken hielten die Reste eines dünnen Kupferdrahtes fest.

Die Puppenstube stand auf der Werkbank, und Kern, als ginge sie ihn nichts an, hantierte an seiner Maschine wie jeden Tag. Sein Gesicht, das wir einmal im Tageslicht an der Werkbank gesehen hatten, versteckte sich wieder im Schatten des Schirmes seiner schäbigen Mütze, die noch aus dem Krieg übrig geblieben und schon deshalb hässlich war. Er stand da wie ein Gnom, die kurzen Arme hingen beiderseits des Körpers herunter, als gehörten sie nicht zu ihm. Er bewegte sich nicht, wenn er dort stand.

Kein Witz der anderen brachte ihn zum Lachen. An die Puppenstube schien er nicht mehr zu denken.

Umso mehr dachten wir daran.

Wir lehnten an der Werkbank und machten unsere Glossen. Dann kamen uns Erinnerungen an Spielsachen, die wir einmal repariert hatten. Zuletzt fingen wir an, uns Gedanken darüber zu machen, wie man eine solche Puppenstube ‚auf Vordermann' bringen könne.

Kern kümmerte sich nicht um uns.

Nach dem Mittagessen zog der Meister sich um. Er erschien in seiner schwarzen Lederjacke vor dem Glashaus und hob die Hand, um uns zum Abschied zuzuwinken.

„Macht's gut und seid schön fleißig", rief er.

Am Nachmittag fing Kern an, seine Puppenstube in Ordnung zu bringen. Seine beiden Maschinen liefen, er brachte das Kunststück fertig, immer gerade im rechten Augenblick dort zu sein, um eine von ihnen umzuschalten. Danach stand er wieder an der Werkbank und riss, schabte und klopfte an der elenden Kiste herum, die eine Puppenstube werden sollte, wie sie früher einmal eine gewesen war.

Auf unsere Anspielungen ging er nicht ein.

Tochter, Nichte, kleine Schwester – für wen bastelte er die Puppenstube? Wir erfuhren es nicht, doch wir suchten ihm Nägel und organisierten eine Sperrholzplatte. Dann war Feierabend.

Zwei Tage später fehlte Kern, und seine Puppenstube stand halb fertig noch immer auf der Werkbank. Der Meister zuckte die Schultern, als wir ihn fragten. Kern hatte sich nicht gemeldet.

Am Nachmittag fuhr der BGLer mit dem Wagen in die Stadt, er nahm den Meister mit. Kern wohnte in der Südvorstadt, in einer stehen gebliebenen alten Bude inmitten neuer Hochhäuser. Der Meister fand ihn in seinem Zimmer im Bett. Eine Frau, die mit dem Fieberthermometer dabeistand, machte unfreundlich darauf aufmerksam, dass das Quecksilber bei neununddreißig stand.

„Kern lag im Bett und sagte kein Wort", erzählte der Meister. „Der arme Kerl ist ziemlich k. o., und die Alte hat uns rausgeschmissen. Frau Donath oder wie die heißt", sagte er, „die wohnt dort im Haus, aber sie hat kein Geschick zum Telefonieren. – Na ja, den Krankenschein hat sie mit der Post abgeschickt. Alles in Butter, Leute." Er ging zur Tagesordnung über, und erst ein paar Tage später sagte er nebenbei: „Die Kleine lief auch dort herum, hoffentlich steckt sie sich nicht an." Er zeigte mit dem Kopf zur Werkbank, wo die Puppenstube stand.

„Das ist auch so'n Ding", sagte er, „die Donathen, oder wie sie heißt, so unfreundlich die tut, die hat's uns erzählt. Die Kleine ist nicht direkt seine Tochter. Er hat sie an Kindes statt angenommen, mit seiner Frau zusammen, als die noch lebte. Nun haust er mit der Kleinen zusammen, und die Alte guckt ab und zu mal nach dem Rechten."

„Ach du liebe Zeit!", sagten wir. Der Meister hob die Hand mit der Zigarre: „Pikobello. – Da find'ste nichts auszusetzen."

„Hau mit deiner Zigarre ab", sagte der Dreher. Dann hockten wir schweigend auf unseren Stühlen, bis die Frühstückspause zu Ende war. Der November ging rum, ohne dass Kern wiederkam. Der Dezember brach an. Die Puppenstube stand noch auf der Werkbank, wie Kern sie hingestellt hatte. Sie war verstaubt und sah schlimmer aus als je zuvor. Am siebzehnten Dezember sagte der Dreher: „Bis Weihnachten ist noch 'ne Woche."

Da kümmerten wir uns um die Puppenstube.

Es war keine Kleinigkeit. Niemand von uns hatte je mit Puppenstuben zu tun gehabt. Dennoch: Am zwanzigsten sah sie schon ganz annehmbar aus. Ich hatte einen Rest Tapete zu Hause gefunden, die klebten wir an die Wände im Wohnzimmer senkrecht, in der Küche quer, im Schlafzimmer mit der Rückseite nach außen. Es machte sich gut. Die Lichtanlage baute Koddel, wozu war er Elektriker. Wenn er auch Finger wie Bockwürste hatte, er schaffte es ohne jeden Fluch. In allen Räumen brannte schließlich Licht.

Die Möbel brachte der Meister mit, ganz moderne Anbaumöbel, die bestimmt eine Stange Geld gekostet hatten. Er sagte: „Die standen bei uns zu Hause so rum."

Zuletzt klebten wir Linoleum auf die Fußböden, und die Sache war in Ordnung. Die Puppenstube sah aus wie von Exquisit.

Noch ehe wir uns geeinigt hatten, wer nun mit der Puppenstube nach der Südvorstadt fahren sollte, bestimmte der Meister: Wir fahren alle. Niemand protestierte dagegen. Am Weihnachtstag gegen siebzehn Uhr trafen wir uns auf dem Thälmannplatz.

Es roch nach Frühling und feuchten Mänteln und nach Auspuffgasen. Die Lichter der großen Weihnachtsbäume spiegelten sich im Straßenpflaster. Der Meister hatte die Puppenstube in seinem P 70, er fuhr, so langsam es ging, ganz rechts am Straßenrand, und wir rannten auf dem Fußweg hinter ihm her.

Ziemlich abgehetzt kamen wir im Hochhausviertel an. Es war schon dunkel, und ich wurde ungeduldig, weil ich versprochen hatte, rechtzeitig zur Bescherung zu Hause zu sein.

Das Haus, in dem Kern wohnte, war wirklich eine schäbige Bude, gemessen an den hellen Lichtkästen, deren jeder in einer Oase von Grünflächen und Gesträuch stand. Auch in der schmutzigen Fassade waren aber die Fenster hell. Wir schoben uns durch die Tür, der Meister mit der Puppenstube unterm Arm voran. Kein Mensch im ganzen Haus rührte sich, unsere Schritte machten einen heillosen Lärm im Treppenhaus. Wir blieben erst einmal stehen, um zu lauschen, dann kletterten wir die zwei Treppen hinauf, so leise es sich eben machen ließ. KERN stand endlich auf einem Messingschild. Hinter der Tür hörte man Schritte und das Klappern von Geschirr. Der Meister stellte die Puppenstube auf den Fußboden und zog einen Holzleuchter aus der einen und eine rote Kerze aus der anderen Hosentasche. „Macht euch davon", raunte er.

Wir stiegen vorsichtig eine halbe Treppe weiter nach oben und hockten uns dort hin, um die Tür zu beobachten. Der Meister zog umständlich ein Taschenmesser aus der Lederjacke und fing in aller Ruhe an, den Fuß der Kerze zurechtzuschnitzen. Es hätte noch gefehlt, dass er sich eine von seinen Zigarren anbrannte. Endlich klemmte er die Kerze in den Leuchter und stellte den Leuchter neben die Puppenstube vor die Tür. Mit ruhiger Hand setzte er ein Streichholz in Brand und hielt es an den Docht der Kerze. Ein warmes gelbes Licht wuchs in die Höhe. Der Meister guckte sich nach uns um und legte den Finger an die Lippen. Dann drückte er auf den Klingelknopf. Es schrillte ohrenbetäubend, ein paar Sekunden lang, und der Meister rannte in großen Sprüngen die Treppe hinunter. Wir duckten uns zusammen. Ein Schlüssel klapperte, die Tür ging auf.

In der Tür stand das kleine Mädchen, vielleicht fünf Jahre alt. Die Kerze beleuchtete es. Es machte vor Überraschung einen Satz in die Höhe und rief: „Ui!" Dann rannte es in die Wohnung zurück und schrie: „Vativativati, der Weihnachtsmann war da."

Kern erschien in der Tür, um seinen Hals war ein dicker wollener Schal gewickelt. Er stand da und stemmte die Hände in die Hüften. Er hockte sich neben das Kind auf den Fußboden, um sich die Puppenstube zu betrachten. Der Dreher stieß mir den Ellenbogen in die Rippen: „Alles okeh", flüsterte er.

Aus der Wohnung kam eine klirrende Frauenstimme: „Wollt ihr wohl reinkommen und die Tür zumachen!"

„Der Weihnachtsmann war da", rief die Kleine noch einmal aufgeregt. Kern hob die Puppenstube auf und nahm den Leuchter. Das Mädchen zog ihn hinein.

Er guckte sich noch einmal suchend um, bevor er die Tür schloss, doch er konnte uns nicht sehen.

Als die Tür zu war, sausten wir los wie die Wilden, die Treppe hinunter.

Das Fernlenkauto

Ingerose Paust

Ulrich war außer sich vor Freude, als er es bekam, denn er hatte den Wunsch nur zögernd ausgesprochen: „ ... ich weiß, es ist sehr teuer ...", und niemand hatte ihm Hoffnungen gemacht. Nun fand er es unter dem Weihnachtsbaum, drückte es an sich, vollführte einen Indianertanz vor Glück und ließ es fahren – rechts und links, geradeaus und rundherum.

Plötzlich besann er sich, gab mir die Hand und schmiegte sich an mich: „Danke!" Bei Fritz, meinem Mann, machte er sogar eine Verbeugung: „Danke! Ich freu mich so!" Dabei strahlten seine Augen. Und unser Peter strahlte mit. Er war eingeweiht worden und hatte, damit sein Schulkamerad diesen Wunsch erfüllt bekommen konnte, von sich aus auf die elektrische Lok verzichtet, mit der er im Schaufenster seit langem liebäugelte.

Ulrich sah seine anderen Geschenke, Kleidung und Naschwerk, nur flüchtig an. Er nahm sich nicht einmal viel Zeit für die kleine Schwester, die er sonst wie väterlich betreute. Heike war auch ganz vertieft in das Spiel mit ihrer neuen Puppe und interessierte sich nur eine Runde lang für die Technik, obwohl der Junge Kunststücke mit seinem Fahrzeug vollbrachte. Immer wieder tippte er uns an, wir sollten zuschauen. Wir sparten nicht mit Bewunderung und freuten uns mit ihm, unser Peter vielleicht am meisten.

Ulrich war ein kräftiger Bursche, strohblond, ein wenig struppig, einen halben Kopf kleiner als unser Sohn, mit dem er seit Oktober gemeinsam die dritte Klasse besuchte. Aber Ulrich schien oftmals viel reifer als seine Altersgenossen zu sein. Wer weiß, was er mit seinen neun Jahren schon Schweres erlebt hatte. Er sprach nicht davon, und wir fragten nicht. Wir wussten nur, dass die Eltern geschieden waren und der Vater seit über einem Jahr allein für die Kinder sorgte. Offenbar tat er es liebevoll, wenn man seine

Art als beispielgebend für den Sohn annahm. Seit zwei Monaten lag er jedoch im Krankenhaus, deshalb waren die Geschwister vorübergehend im Kinderheim unserer Stadt untergebracht. Als Peter hörte, die meisten Heimkinder würden Weihnachten zu Pateneltern gehen und Ulrich vielleicht allein zurückbleiben, bat er uns, ihn einzuladen. Von Heikes Dasein erfuhren wir erst, als ihr Bruder sagte, dass er allein nicht kommen könne. Nun waren die beiden für die Festtage bei uns zu Hause.

Wir hatten das Einbescherungsglöckchen schon am frühen Nachmittag läuten müssen, denn die unruhvolle Spannung steigerte sich immer mehr. Vorher sangen wir die uns vertrauten Weisen, die unsere Pflegekinder kaum kannten, und wir lasen die Weihnachtsgeschichte.

„Ein schönes Märchen", stellte Ulrich fest. „Stehen noch mehr in dem dicken Buch?"

„In der Bibel stehen keine Märchen", belehrte ihn Peter.

„In – was?"

„Komischer Name. – Aber die Geschichte gefällt mir, von den Königen und so."

„Du wirst von der Christgeburt noch einmal in der Mette hören", sagte Fritz.

Der Junge sah ihn verständnislos an. Mette – offenbar wieder ein Fremdwort. Für eine Erklärung blieb jedoch im Augenblick kein Raum. Heike in ihrer Vorfreude und Aufregung drängte zu dem Glöckchen, und dann hatten die Kinder weder für den Baumschmuck Augen noch für die Krippe mit den großen, geschnitzten Figuren. Es gab zunächst nichts anderes auf der Welt als die Geschenke. Als die Mettenzeit heranrückte, war es schwer, sie davon loszubekommen.

„Muss man dorthin gehen?", fragte Ulrich.

„Ohne Mette ist doch nicht Weihnachten", entgegnete Peter.

„Wieso? Bei uns war auch Weihnachten, aber wir gingen nie zur Kirche."

„Es gefällt dir bestimmt", sagte ich.

„Kann ja sein. – Darf ich mein Auto mitnehmen?"

„Aber du kannst dort nicht spielen", griff Fritz ein.

„Gut, ich packe es in den Karton ..."

Natürlich wollte nun auch Heike ihre Puppe mitnehmen. Ich sah schon besorgt zu Peter; doch er hatte aus den Steinen seines Steckbaukastens bereits ein prächtiges Gebäude errichtet, das er nicht transportieren konnte. Er versuchte Ulrich sogar zu überzeugen, dass ja in der Zwischenzeit niemand an die Geschenke herangehen könne. Ulrich ließ sich aber nicht abbringen: „Nur dass es bei mir ist ...!" Dabei streichelte er sein Paket.

So zogen wir bepackt zur Kirche. Wir hatten die Kartons vorsichtshalber verschnürt, „damit nichts herausfallen könne" – in Wirklichkeit aber, um jede Versuchung zu „verknoten", während der Stillen Nacht das Auto in Richtung Altar oder unter die Nachbarbank fahren zu lassen. Heike überließ mir schließlich ihr Gepäck, aber Ulrich gab seins nicht her, er behielt es fest unter den Arm geklemmt. In der Kirche sah er sich aufmerksam um, alles war neu für ihn.

Er saß neben mir und fragte mich unentwegt, zuerst laut, auf meinen Hinweis dann flüsternd. Er fragte, warum der große Balkon an der Wand hinge, und meinte die Empore.

Er fragte, warum die Heizungsrohre so dicht stünden und was unten die Löcher sollten, da laufe ja das Wasser aus. Dabei zeigte er auf die Orgelpfeifen. Ob die Kinder mit den schwarzen Pelerinen um jemand trauerten, wollte er wissen, und warum die Apfelpflücker so kurze Stiele hätten. Ich gab also Auskunft über Kurrende und Kollektenbeutel und fürchtete bei jeder neuen Frage, ringsrum würde man uns bald gram sein wegen dieser Tuschelei, denn Peter war an der Information mit beteiligt. Daneben musste Fritz sich auch mit Heike abgeben, damit sie still saß. Solange ich jedoch keiner mahnenden Blicke gewahr wurde, antwortete ich geduldig. Schließlich fiel Ulrich das Kruzifix auf.

„Was ist das dort für einer? Dort der Mann, der am Kreuz hängt."

„Das ist Jesus."

Achselzucken. „Wer ist das?"

„Hast du noch nicht von Jesus gehört?"

Kopfschütteln, und nach einigem Überlegen: „Nein."

„Das ist derselbe, dessen Geburt wir heute feiern."

In diesem Augenblick setzte die Orgel ein.

„Wir müssen jetzt still sein", raunte ich dem Jungen noch ins Ohr, „zu Hause erzählen wir dir alles."

Ich hätte nie vorher vermutet, dass wir an einem Weihnachtsfest die Geschichte von Christi Geburt, die Geschichte, warum Gottvater seinen Sohn zu uns Menschen schickte, so in jeder Einzelheit erklären würden, wie es dann geschah. Wir flochten ein, dass die Sitte des gegenseitigen Beschenkens zur Weihnacht von dem Geschenk Gottes an uns herrührte.

Oft fiel es uns schwer, die rechten Worte zu finden, um Begriffe und Begebenheiten kindgemäß verständlich zu machen. Heike verstand schließlich, dass wir den Geburtstag des Kindes in der Krippe feierten. Da ihre Puppe heute auch Geburtstag habe, bettelte sie um eine Krippe, die ihr Fritz und die Jungen auch rasch aus vier Latten und einem Karton bastelten. Ulrich erfasste, so schlossen wir aus seinen Fragen, Tieferes, vielleicht sogar mehr, als seinem Alter entsprach. Als wir ihm schließlich gute Nacht wünschten, vergewisserte er sich noch einmal: „Wenn also jemand das Beste, was er hat, einem anderen schenkt, dann heißt es: Ich hab dich lieb?"

„Ja, Uli."

„Und der es bekommt, weiß es auch?"

„Ganz bestimmt."

„Ich habe es aber auch nicht gewusst – von Jesus, alles was Sie mir heute erzählt haben."

„Nun weißt du es aber, und vielleicht sagst du es auch einmal jemandem, der es noch nie gehört hat."

Im Kinderzimmer war das Licht schon längst ausgelöscht, als er mich noch einmal an sein Bett rief. Er hielt das Auto im Arm – ganz ein Kind, der frühreife Zug um seinen

Mund war jetzt nicht zu spüren. Ich sah es deutlich im Lichtstrahl, der vom Flur hereinfiel, und war froh.

„Du hast mich gerufen?", strich ich ihm übers Haar.

„Mir ist was eingefallen. Gerd hat diesmal gar keinen Besuch, Vater kann ja auch nicht hin ..."

„Du hast mir noch nicht erzählt, wer Gerd ist."

„Das ist mein Bruder im Heim für – ich weiß nicht, wie man es nennt, jedenfalls ist es in W."

Ich erschrak, bemühte mich aber, es vor dem Jungen zu verbergen. „In W. ist ein Heim für hirngeschädigte Kinder", sagte ich in einem gleichmütigen Ton.

„Ja, so heißt es. Ist W. weit weg von hier?"

„Nein, Ulrich."

„Kann ich mit der Bahn hinfahren?"

„Du wirst keine gute Verbindung haben, weil du trotz der kurzen Strecke zweimal umsteigen musst. Aber mach dir keine Sorgen, wir werden einen Weg finden, dass du Gerd besuchen kannst, wenn du es willst."

Darauf kam wieder sein warmes „Danke!", und er griff noch einmal nach meiner Hand.

Am anderen Tage riefen wir in W. an und erfuhren, dass Ulrichs Vater Bescheid gegeben hatte, weshalb er nicht kommen könne. Dafür meldete sich nun mein Mann mit dem Jungen für den Nachmittag an. So hatten wir es im Familienrat beschlossen, denn zu fünft dort einzufallen, erschien uns nicht angebracht. Ich ließ die Kinder von ihren Süßigkeiten einpacken, was sie Gerd schenken wollten, und legte ein derbes Bilderbuch dazu.

Ulrich beschäftigte das gestern Gehörte noch, er sagte, nun würde auch Gerd das Liebhaben spüren.

Das fernlenkbare Auto ging mit auf Reisen – im Karton unter dem Arm, wie gestern in die Mette. Fritz meinte, Ulrich wolle es wieder nur bei sich haben, und riet ihm in W., es im Kofferraum zu lassen.

„Nein, ich will es Gerd zeigen", entschied er.

Der kranke Junge war nur sehr begrenzt bildungsfähig. Fritz ließ Ulrich bei seiner Überzeugung, der Bruder habe ihn sofort erkannt. Jedenfalls äußerte Gerd Freude, dass da jemand bei ihm war und sich mit ihm abgab. Sie saßen allein mit ihm, alle anderen Kinder aus diesem Zimmer waren von ihren Eltern nach Hause geholt worden.

Ab und zu kam Schwester Ilse herein. Sie lobte Gerd, wie viel Handgriffe in seinem Tagesablauf er selbst tue, und er führte stolz vor, wie er sich die Schuhe „aus dem Sack vom Weihnachtsmann" anzog und die neue Mütze aufsetzte. Zu dritt gingen sie ein wenig durch den verschneiten Park spazieren. Dann konnte es Ulrich kaum mehr erwarten, endlich sein „Fernlenkbares" auszupacken. Er setzte es behutsam auf den Fußboden und ließ es losfahren – vorwärts, rückwärts, linksherum, rechtsherum.

Der Bruder klatschte vor Begeisterung in die Hände und jauchzte schrill auf. „Gerd auch!", rief er. „Gerd auch!" Ulrich erschrak, daran hatte er wohl nicht gedacht. Er zögerte auch noch ein Weilchen, ehe er Gerds Hand mit in seine nahm, damit sie sozusagen gemeinsam lenkten. Doch bald bettelte Gerd sogar: „Allein!"

Fritz erzählte später, er habe Ulrichs Bestürzung wahrgenommen. Aber er überließ dem Bruder den Griff, den er zuvor auf Kreisfahren eingestellt hatte, und war einigermaßen beruhigt, da er in der Mitte des großen Raumes keine akute Gefahr für sein Kleinod sah.

Als Schwester Ilse wieder hereinkam, wurde sie von Gerd mit einem Jubelschrei empfangen: „Auto!" Er stand ganz still und ließ es seine Kreise ziehen, den Lenkgriff hielt er fest in der Hand. „Wie fein du das machst!", lobte die Schwester. Zu Ulrich sagte sie: „Was meinst du, wie sehr solch ein Erfolg ihm weiterhilft – er hat selbst ein Auto fahren lassen! Das spornt ihn an, mehr zu probieren und zu lernen."

Gerd stand wie verzaubert. Unermüdlich drückte seine Hand den Griff. Plötzlich sagte er: „Auto mein!"

„So?", entgegnete Schwester Ilse vorsichtig.

„Nein, es ist mein Auto", beeilte sich Ulrich zu berichtigen.

„Ich habe es gestern geschenkt bekommen und wollte es meinem Bruder gern zeigen."

„Das ist lieb von dir."

„Auto mein!", strahlte Gerd.

„Weißt du, dalassen kann ich's dir nicht." Ulrich nahm seinen Erwachsenentonfall an. „Du hast nun damit gespielt, Gerd, und wenn ich mal wiederkomme, darfst du auch wieder fahren, das verspreche ich dir. – Nicht wahr, Herr Fichtelmann, ein Geschenk kann man doch nicht einfach weitergeben?"

„Das Auto gehört dir, niemand darf dir vorschreiben, was du mit deinem Eigentum machst."

„Aber Gerd kann es ja gar nicht richtig bedienen, immer nur eine Richtung ... Wenn die anderen Kinder zurückkommen, würde es auch bald kaputt sein.

Gerd, ich schenk dir ein anderes, das ich zu Hause habe, ja? Dies hier ist wirklich mein – mein bestes."

Fritz sah, wie Ulrich über sein eigenes Wort erschrak. Er ahnte, was in ihm vorging. Blass stand er da, die Lippen eingezogen, seine Augen starr auf das immer noch kreisende Auto gerichtet.

„Wir müssen heim, Uli", mahnte Fritz, um ihm zu helfen. Als ihn des Jungen fragender Blick traf, nickte er ihm zu.

Da ging Ulrich hin zu seinem Bruder. Er stellte den Schalter des Autos ab, hob es auf, strich zärtlich über seine glänzende Karosse und legte es Gerd in die Arme.

„Behalt es", sagte er fest, „weißt du, weil ich dich lieb habe."

Weihnachtslied, chemisch gereinigt

Erich Kästner

(Nach der Melodie:
„Morgen, Kinder, wird's was geben!")

Morgen, Kinder, wird's nichts geben!
Nur wer hat, kriegt noch geschenkt.
Mutter schenkte euch das Leben.
Das genügt, wenn man's bedenkt.
Einmal kommt auch eure Zeit.
Morgen ist's noch nicht so weit.

Doch ihr dürft nicht traurig werden.
Reiche haben Armut gern.
Gänsebraten macht Beschwerden.
Puppen sind nicht mehr modern.
Morgen kommt der Weihnachtsmann.
Allerdings nur nebenan.

Lauft ein bisschen durch die Straßen!
Dort gibt's Weihnachtsfest genug.
Christentum, vom Turm geblasen,
macht die kleinsten Kinder klug.
Kopf gut schütteln vor Gebrauch!
Ohne Christbaum geht es auch.

Tannengrün mit Osrambirnen –
lernt drauf pfeifen! Werdet stolz!
Reißt die Bretter von den Stirnen,
denn im Ofen fehlt's an Holz!
Stille Nacht und heil'ge Nacht –
weint, wenn's geht, nicht! Sondern lacht!

Morgen, Kinder, wird's nichts geben!
Wer nichts kriegt, der kriegt Geduld!
Morgen, Kinder, lernt fürs Leben!
Gott ist nicht allein dran schuld.
Gottes Güte reicht so weit ...
Ach, du liebe Weihnachtszeit!

Das eine Mal im Jahre

Ernst Rietschel

Weil man in kleinen Städten bestrebt ist, alle inneren häuslichen Verhältnisse zu erspähen, um sie unter der Bitte um Verschwiegenheit zum Gemeingut zu machen und zu besprechen, so wurde einerseits alles vermieden oder heimlich getan, was der Ehre des Hauses zu nahe treten und die Voraussetzung erzeugen konnte, dass der so anspruchslose arme Hausstand nur mit Entbehrungen, wie sie selbst seiner Anspruchslosigkeit nicht angemessen seien, durchgeführt werden könne, wie andererseits auch jede kleine Ausgabe verheimlicht wurde, die nicht unbedingt notwendig war, sei es die eines Groschens zu Obst oder Brezeln, oder früh zu einer Semmel zum Kaffee. Es kam das freilich selten vor, galt nur als ein Festvergnügen, und doch wurde es, wenn man jemand kommen hörte, schnell weggeräumt, dass niemand etwa meinen Eltern nachsagen könnte, sie verständen nicht sparsam zu wirtschaften und gäben Geld für Dinge aus, welche besser entbehrt würden. Diese Rücksicht fand nun besonders am Weihnachtsfeste statt. Jede noch so dürftige Familie suchte zum Weihnachtsfest einige Stollen und Kuchen zu backen. Es war dies das eine Mal im Jahre, wo jeder glaubte, ein Recht zu haben, sich einen Genuss zu verschaffen, gleich anderen Menschen von nur einigermaßen besseren Verhältnissen. Jeder hatte durch den lebhaften Verkehr mehr Arbeit und Verdienst, und so fehlte es auch bei meinen Eltern nicht, dass die Mutter einige Stollen und Kuchen backen, dass ein Braten gekauft und dass sogar einige Mal für die Mutter vom Vater ein Tuch oder ein kleiner Vorrat von Kaffee, Zucker, Reis u. dgl. als Christgeschenk angeschafft werden konnte. Wir Kinder hatten nur in den frühesten Jahren ein kleines Christbäumchen mit einigem billigen Spielzeug angeputzt erhalten. Ich erinnere mich auch eines kleinen Schattenspiels, das mein Vater gemacht hatte. Vom achten Jahre an kam es zu keiner Bescherung mehr. Die ahnungsvolle glückliche Stimmung für das Fest hatte in der frühesten Jugend, wo ich noch durch die billigsten Kleinigkeiten befriedigt werden konnte, Platz in mir gewonnen. Dass Geschenke und Christbäume später fehlten, vermisste ich nicht. Meine ganze Glückseligkeit konzentrierte sich in den Stollen, die erst am Heiligen Abend gebacken wurden, vorher hatte ich die im Jahre gesammelten Pflaumenkerne aufzuklopfen, die statt bitterer Mandeln benutzt wurden. Über die Behaglichkeit dieser Arbeit ging nichts. Erst spät in der Nacht kehrte die Mutter mit dem Backwerk vom Bäcker nach Hause zurück; die Wohnung wurde mit süßem Duft erfüllt. Ich hatte keinen Schlaf empfunden und wachte mit dem Vater, der das Spätaufbleiben erlaubt hatte. Als die Stollen glücklich in die Wohnung gebracht waren, ging ich ruhig ins Bett und erwachte um sechs Uhr früh, wo das Fest mit den Glocken eingeweiht wurde, in gehobener Stimmung, die der Geburt des Christkindes galt und im Hintergrunde der Aussicht auf köstliche Stollen zum Kaffee und schulfreie Festtage.

Mein Vater ging häufig zum Weihnachtsmarkt, auch zu anderen Zeiten, nach Dresden, wo er für meine Tante, welche daselbst ein kleines Kaufmannsgeschäft nach dem Tode ihres Mannes fortsetzte, den geringfügigen Unterhandel übernahm, indem er gebrannte Runkelrüben, die vom Volke als Surrogatkaffee verbraucht wurden, vielleicht 30–40 Pfund, holte und in einem Sack auf dem Rücken von Dresden nach Pulsnitz, fünf Stunden Wegs, mit noch manchen anderen ins Gewicht fallenden Dingen, die er in Kommission anderer Leute mitbrachte, trug. Mein Vater, der diese Runkelrüben im Einzelnen verkaufte, hatte von jedem Pfund ungefähr einen Groschen Gewinn, was ihm seine Mühen bezahlt machte.

Ihn freute meine Lust am Zeichnen und Malen, womit ich mich jede freie Stunde beschäftigte. Die Vorlagen dazu suchte ich mir zu borgen. Hatte er nun Geld und konnte einige Groschen für mich entbehren, so brachte er mir einige Nürnberger Kupferstiche nach damaliger Art mit. So hat-

te er einmal um ein kleines gemaltes Blumenkörbchen ge-
feilscht, welches vier Groschen kosten sollte, er konnte es
nicht kaufen, aber er erzählte mir nachher mit aller Wärme
davon, und wie es seiner Schönheit nach billig gewesen sei,
ja er versuchte es aus der Erinnerung zu malen, was mir das
Orginal ersetzen sollte.

Überglücklich machte es mich, als er mir einstmals von
Dresden etwas roten Karmin mitgebracht hatte, für mich
der Inbegriff des Kostbarsten und Teuersten, was es gab.
Ich war über Land geschickt worden, Butter oder Eier zu
holen – der Vorteil der Billigkeit betrug vielleicht einen
Groschen –, und fand beim Nachhausekommen alle meine
Muscheln sämtlich mit frischen Farben gefüllt, obenan
Karmin. Es machte dem Vater Freude, meine Lust zum
Malen und Zeichnen zu befriedigen.

Ich habe es nicht vergessen, wie er ein altes Weihnachts-
verzeichnis von Büchern hervorsuchte, das er wohl drei
Jahre hintereinander jede Weihnachten durchlas, mich immer dazurief, und wenn der Titel „Mit sauber illuminierten
Kupfern" angekündigt war, sagte: „Sieh, Ernst, wenn wir
das kaufen könnten!", und nun mit mir besprach, wie dies
und jenes schön sein möchte. Dass es dem Vater nicht einfallen konnte, einen solchen Wunsch ausführen zu wollen,
wusste ich wie er, denn nach dem Durchlesen wurde das
Verzeichnis wieder hingelegt – aber es war eine glückliche
halbe Stunde für beide gewesen, dass wir hatten denken
können, wie es sein möchte, wenn dies oder jenes Buch wirklich unser hätte werden können.

Der Strizelmarkt

Wilhelm von Kügelgen

So arbeiteten und spielten wir uns in den Spätherbst und Winter hinein, bis die Weihnachtszeit sich mit ihrem wunderbaren Treiben nahte und auch unsere Beschäftigungen mit dem Stempel des Geheimnisses bezeichnete. Das gemeinschaftliche Spielen hatte nun ein Ende, jeder kramte und kleisterte nur für sich, und keiner durfte hinsehen, was der andere machte. Zu Letzterem verpflichtete man sich durch Eide, die sehr leicht zu halten waren, da jeder genugsam von seinem eigenen Werk erfüllt, wenig Neigung hatte, von dem anderen Notiz zu nehmen oder etwas davon zu erwarten. Auch mag sich der alte Satz, dass Geben seliger als Nehmen sei, am meisten in den gegenseitigen Geschenken bewahrheiten, die sich Kinder machen, deren Gaben, außer dem so genannten pretium affectionis, was jedoch nur der Geber damit verbindet, nicht den geringsten Wert zu haben pflegen, wie denn auch der Empfänger immer sicher ist, dass jener sich das Ding gewisslich nicht vom Herzen gerissen hat, sondern selber nicht gebrauchen konnte.

Wo nun die eigene Kunstfertigkeit nicht ausreichte oder es an Material fehlte, kauften wir das Fehlende auf dem Weihnachtsmarkt, der in Dresden nach einem eigentümlichen Backwerke der Strizelmarkt genannt wird. Acht Tage vor dem Feste pflegte sich der Dresdener Altmarkt mit einem ganzen Gewimmel höchst interessanter Buden zu bedecken, die abends erleuchtet waren und große Augenlust gewährten. Das Glitzern der mit Rauschgold, mit bunten Papierschnitzeln und goldenen Früchten dekorierten Weihnachtsbäume, die hell erleuchteten kleinen Krippen mit dem Christuskinde, die gespenstischen Knechte Ruprechts, die Schornsteinfeger von gebackenen Pflaumen, die eigentümlich weihnachtlichen Wachsstockpyramiden in allen Größen, endlich das Gewühl der Käufer und höfliche Locken der Verkäufer, das alles regte festlich auf. Hier drängten auch wir uns des Abends gar zu gern umher, schwelgend in dem ahnungsreichen Dufte der Tannen, der Wachsstöcke, Pfefferkuchen und Strizeln, die in einer den Wickelkindern entlehnten Gestalt, reichlich mit Zucker bestreut, vor allen zahlreichen Bäckerbuden auslagen und Löwenappetit erregten. Nach genauester Prüfung alles Vorhandenen kauften wir dann einige kleine grüne oder rote Wachsstockpyramiden auf Kartenblätter gewickelt, das Stück zu einem Pfennig, so genannte Pfefferkuchenzungen zu demselben Preis, oder ein paar Bogen bunten Papiers, um unsere Privatbescherung damit auszustatten.

Inzwischen konnten wir in unserm Eifer den vom Kalender angegebenen Zeitpunkt nie ganz erwarten und fingen schon an vorhergehenden Abenden an, in Alkoven oder anderen verdachtlosen Winkeln unseren Kram geschmacklos aufzustellen, zündeten einige Wachsstockschnittchen dabei an und überraschten uns dann gegenseitig unaufhörlich, bis der wahre Heilige Abend herankam und uns alle überraschte.

In dem geräumigen Wohnzimmer meiner Mutter stand ein schönes Bild, das, auf einigen Stufen erhöht, den mittleren Teil der Hauptwand fast bis zur Decke füllte. Es war dies eine Kopie des berühmten Dresdener Raphael, die mein Vater unlängst vollendet und der Mutter geschenkt hatte. Diese Kopie wurde damals dem Originale gleichgestellt. Es schien dasselbe, nur ohne die Mängel, welche Zeit und frühere Verwahrlosung hinzugetan hatten. Große Summen waren schon vor der Vollendung dafür geboten worden, allein mein Vater wollte sich nicht davon trennen; es sollte das Palladium seines Hauses werden, und unter dem himmelreinen Auge dieser Mutter Gottes sollten seine Kinder heranwachsen. Auch knüpften sich sehr selige Kindererinnerungen an dieses Bild, unter dem wir saßen und das ich anzublicken pflegte, wenn die Mutter am Sonntagmorgen aus der Heiligen Schrift vorlas und uns aufmerken lehrte auf die Worte unseres Erlösers. Seinen vollen Zauber entfaltete es indessen erst am Weihnachtsabend, wenn die vielen Kerzen brannten und das magisch beleuchtete, wie von innerm Licht durchglühte Bild zu leben schien. Dieses herrlichen Anblicks erfreuten wir uns zuerst im Jahre 1809, da Volkmanns und Senff den ersten Weihnachten mit uns verfeierten. Die ganze kleine Gesellschaft schien die Augen nicht wieder abwenden zu wollen, und fast hätte es Not getan, uns Kinder zu erinnern, dass es heute noch andere Interessen für uns gäbe.

Unterdessen wir uns nun unseren Tischen nahten und die Herrlichkeiten in Augenschein nahmen, mit denen man uns beschenkt hatte, wurde Senff vermisst. Man hörte aber, dass er gebeten hatte, ihm nicht zu folgen, und siehe da! – als die Kerzen des Lichterbaumes im Ersterben waren – da flogen plötzlich die Flügeltüren auseinander, und ein Lichtmeer strahlte uns entgegen. Senff hatte den Fußboden des großen Vorsaales dicht besetzt mit hunderten von kleinen Lampen, die er aus Nussschalen gebildet und zu einem riesigen Halbmond vereinigt hatte. In die Höhlung dieses Türkensterns, der wie Pontius ins Credo in unseren Weihnachtsabend passte, hatte er die kunstvoll gefertigten Geschenke aufgestellt, die er für uns Kinder gearbeitet hatte: für mich einen Prachtschild mit silbernem Adler, für Alfred einen nicht minder schönen Löwenschild. Der Effekt des Ganzen war sehr überraschend, doch noch nicht genügend für Senffs Erfindungsgabe.

Als man sich satt gesehen, schlug der ideenreiche Künstler der Gesellschaft vor, ihm nach dem Hinterhause zu folgen. Dort befand sich ein zweiter Vorsaal, der zu den Gemächern meines Vaters führte, und hier hatte Senff auf der Diele aus kleinen von Papier gemachten Häusern, Palästen und Moscheen die Stadt Konstantinopel aufgebaut. Man konnte nichts Saubereres sehen, als diese Papierstadt. Dichtgestreuter weißer Sand bezeichnete das Land, blauer das Meer, das von kleinen Schiffen belebt war. – Nachdem nun Senff eine skizzenhafte Erklärung der hervorragendsten Punkte gegeben, bemerkte er, dass Konstantinopel häufig abzubrennen pflege, und damit legte er einen Zunder unter das erste Haus der Vorstadt Pera. Bald brach die Flamme aus, ergriff das nächste Gebäude und die ganze Straße, verzweigte sich nach anderen Straßen, sprang in die Brunnen, die mit Spiritus gefüllt waren, und verbreitete sich über die ganze Stadt. Zuletzt wurde das Serail ergriffen, dessen zahlreiche Türmchen als Miniatur-Feuerwerk aufsprühten, die Vorstellung mit Knalleffekt beschließend.

Die Feier des Weihnachtsfestes in Cranzahl um 1820

Karl Friedrich Kautzsch

Mit dem Einbrechen der Dunkelheit am Heiligen Abend begann der Weihnachtszauber sich unseres Geistes zu bemächtigen. Dies wurde bewirkt zuerst durch den Glanz, in welchem alle Gegenstände des nach unserer Ansicht überaus herrlichen Paradiesgartens die höchste Bewunderung hervorriefen. Die im Kreise sich bewegenden hölzernen Reiterchen, durch eine Türe rechts erscheinend und durch eine links wieder verschwindend, die im heiligen Christstall sich bewegende Wiege, in welchem das Christkindlein, schön eingewickelt, lag, zwei Schmiede, welche mit Hämmerchen von Blei hörbar auf einen Amboss wie nach dem Takte schlugen, zwei wechselweise aus einer Esse hervorsteigende und schnell in dieselbe zurückfallende Essenkehrer, die an einem Felsen arbeitenden Bergleute, zwei auf die Hinterbeine sich erhebende Hirsche, worauf alsbald ein Jäger die Flinte erhob und sie wieder niederließ, nachdem die Hirsche wieder auf allen vier Beinen standen, und was sonst noch sich regte oder auch feststand, namentlich eine größere Anzahl weiß, blau, grün, braun angestrichener Häuschen mit roten oder blauen Dächern, ein Moosberg mit Schäfchen auf der rechten Seite, ein gleicher mit wildem Getier auf der linken, endlich Tannenäste mit Äpfeln oben an der Decke befestigt – wie hätte dies alles die Seele eines Kindes, das im ganzen Jahre in dem engen Stubenraum nichts anderes vor den Augen hatte als kohlschwarze Holzwände und eine ebenso schwarze Decke, nicht mit unbeschreiblicher Entzückung erfüllen sollen? Hierzu kam noch die Erleuchtung des Tisches, auf dem nur das einzige Mal im Jahre statt eines winzigen Öllampenlichts ein Inseltlicht, in einem Drahtleuchter steckend, prangte und mit großer Freude betrachtet wurde. Nicht unbemerkt darf ich lassen, dass mein Vater höchst sparsam, wie in allen Dingen, so auch bei der Illumination der Christgeburt zu Werke ging. Regel war es, nur $^1/_2$ Pfund Inseltlichter (Unschlittkerzen) zu kaufen. Ausnahmsweise wurde bisweilen noch $^1/_2$ Pfund angeschafft, um die Feier des Neujahrsheiligenabends zu erhöhen. Im Allgemeinen stand diese Feier nicht sehr hoch, noch viel niedriger die des Hohenneujahrsheiligenabends. Diese wurde fast gar nicht geachtet. Das ganze Schwergewicht der Weihnachtszeit lag auf dem 1. Heiligen Abend und in der Feier der Metten (Frühgottesdienst) am 1. Feiertag früh von 5 bis $^1/_2$ 8 Uhr. Noch während der Illumination der Christgeburt wurde von der Familie das sonderbare Heiligenabendgericht verzehrt – Semmelmilch! Die Milch mit Semmel, wegen des besonderen Festes von der Hausmutter in besonderer Beschaffenheit, besser als gewöhnlich, auf den Tisch gebracht, auch reichlich, dass jeder Mitesser sich völlig satt essen konnte, trug selbstverständlich auch mit bei, die Herrlichkeit des Weihnachtsfestes erhöhen zu helfen. Nach Verzehrung dieses einzigen Gerichts am Abend des Heiligen Abends befanden sich alle Glieder der Familie in der rechten Stimmung, in Andacht und Glauben einige Weihnachtslieder aus dem alten Zwickauer Gesangbuch anzustimmen. Noch besitze ich ein solches Gesangbuch von meiner Mutter mit der Jahreszahl 1777 auf der Außenseite des Einbandes. Nach Verlöschung der Lichter auf der Christgeburt wurde von der ganzen Familie ziemlich zeitig die Nachtruhe aufgesucht; warum so zeitig, wird sich alsbald bei der Beschreibung der Feier des 1. Weihnachtsfeiertages ergeben.

Wie der erste Weihnachts-Feiertag gefeiert wurde:

Horch! – Es schlägt zusammen! So rief irgendeine Stimme am 1. Feiertag früh gegen 3 Uhr in der Schlafkammer. Schnell verließen alle das Lager und eilten die Treppe herab in die Wohnstube, welche von der sorgenden Hausmutter bereits geheizt war. Warum schon um 3 Uhr? Weil nach 4 Uhr zur Kirche der nicht ganz kurze Weg anzutreten war. Kein Gang zur Kirche wurde während des ganzen Jahres in so freudiger und gehobener heiliger Stimmung angetreten, als der an diesem Tage früh 5 Uhr, wo der Metten-Gottesdienst (hora matutina) begann. Daraufhin war alles Denken und Sinnen gerichtet, viel, viel mehr, als auf die Christbescherung, welche alsbald nach dem Aufstehen ziemlich kurz abgehalten war. Wir Kinder setzten uns an den Tisch, jedes, wo es seinen Essplatz hatte, ich auf einem rot angestrichenen hölzernen Stuhl, die übrigen auf der Bank an der Wand hinter dem Tische. Gewöhnlich war der Tisch mit irgendetwas zugedeckt. Die Decke wurde entfernt, und nun sah jedes Kind (nur Kinder bekamen beschert, nie eine erwachsene Person) seine Geschenke vor sich liegen. Dieselben nahmen bei ihrer Geringfügigkeit keinen großen Raum ein. Worin bestanden sie? Die meinigen waren einmal eine Tuchmütze, ein Pfefferkuchen in Gestalt eines Mannes, etwa 3 Pfg. wert, einige Äpfel, etwa 5, ebenso viele Nüsse ... Nachdem in solcher Weise das 1. Geschäft des 1. Weihnachtsfeiertages ohne großen Zeitaufwand und ohne alle Illumination abgetan war, eilte man zur Verrichtung des zweiten, das man für viel wichtiger hielt. Es galt nun, sich auf den Kirchgang vorzubereiten. Das war nicht so schnell abgetan. Hierzu musste auf eine Muhme, Tochter des Handelsmanns Hackebeil, Mann meines Vaters Schwester, die weiter unten im Dorfe wohnte, gewartet werden. Diese zog zuerst meiner Schwester ein weißes Kleid an und schmückte sie mit buntseidenen Bändern, nämlich mit einem um den Leib und mit einem je über die Achseln herab. Auch ich wurde ähnlich eingekleidet, nämlich mit einem Manneshemde von feiner schneeweißer, schwäbischer Leinwand über den Rock hinweg bis auf die Füße herab, worüber gleichfalls bunte Bänder angebracht wurden. Sobald ich mit meiner Schwester als Engel eingekleidet war, brachen wir, begleitet von allen Hausbewohnern, auf, dem Mettengottesdienst beizuwohnen. Nur eines der Großeltern oder beide blieben zurück, das Haus zu behüten. Hinunter ging es auf einem schlechten Wege neben dem Sehmabache hin. Alle waren in so freudiger und gehobener Stimmung, dass dieselbe keine Einbuße erfuhr, mochten Wetter und Weg sein, wie sie wollten, tiefer Schnee ohne die mindeste Bahn, Schneewetter, dass man zu keinem Auge heraussehen konnte, Tau und Regen mit dem schmutzigsten Weg, das war uns alles ganz gleichgültig, wir schwelgten im baldigsten Genusse der bevorstehenden Herrlichkeit der Metten, und zwar umso mehr, je näher wir der Kirche kamen. Bevor sie aber erreicht wurde, ward erst bei dem Paten Hackebeil eingekehrt, um den hölzernen Kronleuchter zu bewundern, dessen Lichter auf die Straße herausleuchteten. Nach kurzem Verweilen ging es weiter das Dorf hinunter bis zur Schule. Hier war der Versammlungsort der Engel, gewöhnlich einige 20, Knaben und Mädchen, alle weiß gekleidet. Mit Beginn des letzten Geläutes (das erste dauerte von 3 bis 4 Uhr, das zweite war kürzer, das dritte, etwa 10 Minuten, bedeutete den Anfang des Mettengottesdienstes) traten die Engel paarweise den Weg an, ein jeder in der Hand einen zinnernen Leuchter mit einem brennenden Inseltlicht, das freilich bei herrschendem Winde verlöschte. Von der Schule ging bis zur nahen Kirche der Weg etwas bergan unter einer mächtigen Linde vorbei. Während dieses Ganges sangen die Engel das Lied: „Lobt Gott, ihr Christen, allzugleich, in seinem höchsten Thron, der heut schließt auf sein Himmelreich und schenkt uns seinen Sohn". Von der Herrlichkeit, die uns im Gotteshause erwartete, wurde uns ein Vorgeschmack zuteil vor demselben beim Blick auf die Erleuchtung in demselben. Der Eintritt erfüllte alle mit Entzücken. Fünf gläserne, d. h. mit Glasperlen versehene Kronleuchter von ziemlicher Größe über dem Altarplatz und zwei von Messing über den Frauenstühlen, mit vielen Lichtern versehen, sämtliche Emporen, Altar und Kanzel auch mit Lichtern bedeckt – ist es da zu verwundern, wenn ein so ungewöhnlicher Lichterglanz eine Kindesseele mit den gewaltigsten Eindrücken überschüttete, dass sie das ganze Leben hindurch lebendig bleiben, weil die durch keine stärkeren je ermüdet werden können? Nun kam zu den Empfindungen über jenen Lichterglanz noch der religiöse Eindruck, welchen der Gottesdienst in dem von so hellem Lichterglanze strahlenden Gotteshause hervorbrachte. Das war wahrhaftiger Gottesdienst, denn er wurde mit gläubigem Herzen gefeiert in kindlicher Demut.

Der hier in Betracht kommende Gottesdienst nahm folgenden Verlauf: Der Mittelpunkt des Mettengottesdienstes lag in den Vorträgen oder Gesängen der Engel. Diese saßen im Halbkreise vor dem Altar. Ein Weihnachtslied nach dem andern, nicht Gesangbuchslieder, sondern Arien, wurde von ihnen allein gesungen. Ich entsinne mich noch, dass die erste anfing: „Ich preise dich, Herr Jesus Christ, dass du für mich geboren bist"; die zweite: „Dies ist die Nacht in ihrer Pracht". Als besonders hervorragender Gesang galt die Weissagung, d. h. dieselbe i. e. Jesaias Kap. 9, 1–7 wurde vom Altar von den zwei großen Engeln zweistimmig gesungen. Heute noch habe ich die Melodie genau im Kopfe. Sie hatte Ähnlichkeit mit der Weise, nach welcher die Geistlichen in Sachsen die Gebete auf dem Altar singen. Diese zwei so genannten großen Engel waren bereits konfirmierte Jungfrauen, mit hübschen Stimmen begabt, während die übrigen Engel aus der Zahl der Schulkinder genommen wurden. Ich war ein solcher Engel im Jahre 1822, 1823, 1824, 1825. Außer der erwähnten Weissagung kam noch ein äußerst merkwürdiger Gesang vor. Das war das Quem pastores. Wenn die Nummer dieses Gesangs an die Reihe kam, erhoben sich alle Engel von ihren Plätzen. Die zwei großen bestiegen die Kanzel, welche nach Osten gerichtet war. Die übrigen teilten sich in drei Abteilungen, deren erste auf eine Empore nach Süden, die zweite auf eine nach Westen, die dritte auf eine solche nach Norden. Die zwei großen Engel auf der Kanzel stimmten an: „Quem pastores laudavere", die 2. Abteilung fuhr fort: „quibus angeli dixere", die 3: „absit vobis jam timere", die 4: „natus est rex gloriae". Soweit der 1. Vers. Der 2. Vers war deutsch und wurde ebenso von den vier Abteilungen gesungen wie der 1. Vers. Hierauf sang die Gemeinde zwei Verse aus einem anderen Liede mit Orgelbegleitung. Die Engel sangen ohne eine solche. Nunmehr ertönte der 2. Vers des lateinischen Liedes, und so weiter der 3. und 4., ganz in der Weise wie der 1. Dieses lateinische Weihnachtslied steht unter Nr. 72 in dem alten Gesangbuch meiner Mutter. Nach diesem Liede hielt der Pfarrer eine Rede vom Altar aus. Das war der einzige Vortrag, welchen der damalige Pastor auswendig im Laufe des Jahres hielt. Von dem Adjuvantenchor (jetzt sagt man Kirchenchor) wurde auch eine Musik aufgeführt, die nicht sehr (wegen mangelnder Künstlerschaft) erbaulich klang, wenigstens nicht solchen Ohren, die weniger in Disharmonie geübt waren. Im Allgemeinen klang den Hörern, die im Mettenzauber schwelgten, alles schön. Nachdem von den Engeln noch mehrere Weihnachtslieder gesungen worden waren, kam, wie aller schönen Dinge Ende, auch das Ende der schönen Metten. Ergoss sich der Strom der Kirchenbesucher bei bereits sich zeigendem Tagesanbruch und während des Auslöschens der Lichter, was möglichst schnell vonstatten ging, weil die noch vorhandenen Stümpfel der Kirchschullehrer erhielt, aus der Kirche hinaus, so hörte man vielfach die Klage: Ach, nun ist das schöne Weihnachten wieder vorüber. Denn die Metten waren hierbei alles, das Übrige galt weiter nicht viel. – Es entsteht hier die Frage: Worin liegt denn nun der Grund der so überaus großen Hochschätzung einer derartigen kirchlichen Feier am Weihnachtsfeste? Der Grund ist ein mehrfacher!

Zunächst birgt die Geschichte von der Geburt Christi eine überaus herrliche Poesie in sich, die umso unwiderstehlicher die Herzen ergreift, je kindlicher diese von religiösem Glauben ergriffen sind. Hierzu kam das ungewöhnliche Äußere des Gottesdienstes in Cranzahl, die Nachtzeit, der helle Lichterglanz, die Kinder als Engel gekleidet, das Anhören der jedermann von Kind auf völlig bekannten Weihnachtslieder nach Inhalt und Melodie. Wenigstens zwei Monate lang wurden dieselben in der Schule in jedem Jahre vor dem Weihnachtsfeste gesungen, stets dieselben. Wie den Schulkindern, war auch allen Erwachsenen das Singen derselben ganz geläufig. So konnten alle in der Kirche Anwesenden jede Silbe der Lieder als alte liebe bekannte Laute verfolgen, ja mitsingen, wenn dies gebräuchlich gewesen wäre. So hielt man aber auch zähe darauf, dass nichts geändert würde. Wäre einmal das lateinische Lied weggelassen worden, würde es geheißen haben: Das waren keine Metten, es ist ja das „Quem pastores" nicht gesungen worden! Wenn man auch die Bedeutung der lateinischen Worte nicht kannte, schlug doch der Laut derselben als bekannter Klang an das lauschende Ohr. Auch darf nicht vergessen werden, dass das Ertönen dieses lateinisches Liedes in so ungewöhnlicher Weise strophenweise von verschiedenen Räumen der Kirche besonderen Eindruck machen musste. Übrigens ist durch diese verschiedenen Räume darauf hingedeutet, dass die Verkündigung der Geburt Christi allen Himmelsgegenden, also der ganzen Welt gilt. Wenn ich in meinen späteren Lebensjahren in der Weihnachtszeit die rechte Weihnachtsstimmung gewinnen wollte, brauchte ich mich nur im Geiste in den Mettengottesdienst zu versetzen. Alsbald durchströmten die seligsten Gefühle das Herz. Kein Weihnachten ist in meinem ganzen Leben ohne solche Weihnachtswonne an mir vorübergegangen. Ihr armen Christen, die ihr hiervon nichts empfunden habt! Ein Nachhall der Weihnachtswonne machte sich noch geltend, wenn ich als Schulknabe mit dem Kirchschullehrer und einigen Choradjuvanten, wovon ich bereits berichtet habe, den Neujahrsumgang oder das Neujahrssingen durch das ganze Dorf ausführen half, weil dabei meist Weihnachtsarien gesungen wurden.

Christrosen

Charitas Bischoff

Ich war acht Jahre alt, da hörte ich, wie meine Eltern wieder eine Reise planten, sie wollten durch die Lausitz über Böhmen, Schlesien nach Krakau, um ihre botanischen Sammlungen zu verkaufen.

Ich saß in der Vorderstube auf einem Fußbänkchen und weinte leidenschaftlich. Neben mir auf dem Stuhl saß die Mutter und redete mir zu, aber es gelang ihr nicht, mich zu trösten. „Kind", sagte sie, „mach mir das Herz nicht so schwer! Ich hoffe, dass wir Weihnachten wieder hier sind. Hör mal zu! Wollen wir denn ein Bäumchen anputzen? Sollen wir dir etwas mitbringen? Warte – ich stricke dir ein paar Müffchen! Mit hübscher, bunter Wolle! Du sollst selbst sagen, wie du sie haben willst. Na, nun sag mir mal, wie sie sein sollen!"

„Lass nur", sagt ich weinend, „ich will gar nichts, gar – gar – gar nichts! Nur euch will ich haben. – Bleibt doch bei mir! Warum müsst ihr immer reisen?"

Der Vater richtete sich von seinem Käferkasten in die Höhe und sagte: „Das verstehst du noch nicht!"

In diesem Augenblick klopfte es, und herein trat ein langer, schmalbrüstiger Mann, dessen bartloses Gesicht zwei rote, abgezirkelte Flecken zeigte. Das war der Sattler Triebel, der zur bevorstehenden Reise noch eine Arbeit ablieferte. Die Mutter bot ihm einen Stuhl, während der Vater das Geld auf den Tisch zählte.

„Und morgen soll's losgehen?", fragte der Mann mit hoher Stimme.

Die Mutter nickte.

„Es hat wohl Haue gegeben", sagte er, auf mich deutend.

„Mädchen schlägt man doch nicht gern, die müssen aufs Wort gehorchen lernen. Sie weint, weil sie nicht von uns will."

„Wo kommt sie denn hin?"

„Zur früheren Madame Hänel. Ich würde sie aber lieber woanders unterbringen, denn Madame Hänel tut es nicht gern, da sie jetzt die Stiefkinder hat."

„Wie viel geben Sie denn für das Kind?"

Die Mutter zuckte zusammen und sagte kurz: „Wieso?"

„Na, wenn Sie gut zahlen, dann finden sich auch noch andere Leute wie Madame Hänel."

Der Vater sagte kalt: „Das ist doch kein Geschäft! Wir können nicht viel geben, sie soll aber nur zu Leuten, wo sie es ordentlich hat, die Verständnis für ein Kind haben."

Der Mann lachte, aber er verharrte bei der Sache. Es wurde erregt hin und her gesprochen, und das Ende war, dass er mich haben wollte.

„Täschen!", sagte die Mutter bittend, „willst du wohl zu dem Manne gehen? Er hat gar keine Kinder und möchte jetzt eins haben. Willst du?"

Ich schüttelte entschieden den Kopf und blieb dabei: „Ich will zu keinen fremden Leuten!"

„Du!", sagte er und rückte näher zu mir heran, „magst du wohl fahren?"

„Ja", sagte ich lebhaft, „gewiss, sehr gern."

„Soll ich dich mal auf dem Schiebbock in die Niederstadt fahren?"

Ich lachte, und die Mutter sagte scherzend:

„Dann fährt mein Kind im Saus
Ganz bis vors Triebelhaus."

Mit so einem kindlichen Reimchen machte mir die Mutter jedes Mal einen großen Spaß. Der Sattler hatte mich.

Während Triebel die Schubkarre holte, suchte die Mutter meine Sachen zusammen, und ich half ihr geschäftig. Hier in der Kammer war die Mutter ganz ernst, sie drückte mich heftig an sich und sagte: „Nicht wahr, du bleibst recht brav und artig? Sei doch recht fröhlich! Wenn du aber Not hast, dann klag sie dem lieben Gott, er sieht und weiß alle Dinge, er sieht auch deine kleinen Leiden, und wenn du ihn bittest, hilft er dir! Hüte dich nur, dass du niemandem wehtust!"

Mittlerweile war das Gefährt angekommen. Halb lachend, halb weinend nahm ich Abschied von den Eltern. Die Mutter setzte mich fürsorglich auf das Bettbündel, und so fuhr ich den Forsthofberg hinunter. Die Eltern winkten, solange sie mich sehen konnten. Wirklich im Saus ging es den Niederstadtberg hinunter, und ich hielt einen verhältnismäßig vergnügten Einzug. Aber das Lachen hielt nicht lange vor.

Triebels waren der Meinung, ein Kind wisse sein Maß nicht, es müsse recht knapp gehalten werden, sonst verderbe es sich den Magen. Zumal der Mann und seine Mutter waren nach der Seite hin sehr auf meine Gesundheit bedacht. Zum Haushalt gehörten noch die Frau und der Lehrjunge. Die Werkstelle, wo ich schlief, war ein niedriger, dumpfer Raum, wo Berge von verfilzten Haaren, Pferde-Kummete, Leder und allerlei Schrumpel herumlagen. Meine Tagesarbeit bestand darin, die Haarpolster, die in alten Möbeln gewesen waren, auseinander zu zupfen. Die Arbeit ging nicht über meine Kräfte, aber sie war durch den Staub, der damit verbunden war, sehr widerlich. Schlimmer wurde die Sache abends für mich. Da musste ich dem Meister und dem Lehrjungen bei der Arbeit leuchten. Wenn sie an den schweren, großen Kummeten arbeiteten, musste der Lichtschein bald von dieser, bald von jener Seite auf die Arbeit fallen. Der Lehrjunge sollte auch möglichst berücksichtigt werden, und da sie in arbeitsreicher Zeit manchmal bis nach Mitternacht arbeiteten, so wusste ich oft nicht, wie ich es vor Überanstrengung aushalten sollte. Ich tat wie die Störche, bald stellte ich mich auf das eine, bald auf das andere Bein. Ich stützte den müden Arm mit dem andern, ich schlief im Stehen ein und wurde dann durch einen Schlag an meine Pflicht erinnert. Triebel war sehr aufgeregt und jähzornig, ich muss zu seiner Entschuldigung annehmen, dass er krank war, und dass er Nahrungssorgen hatte. Viel Worte machte er nicht, er schlug zu. David bekam sein reichlich Teil. Ich ging aber auch keineswegs leer aus.

Meine Erholung war die Schule, obgleich ich in der Zeit gewiss die schlechteste Schülerin war. Zu meinem Glück hatten wir gerade damals einen ganz prächtigen Lehrer. Er war ein großer Kinderfreund und hatte ein ganz besonderes Verständnis und großes Erbarmen mit der Not armer Kinder. Er kam gerade vom Seminar, unterrichtete mit Eifer und Begeisterung, umso bewundernswerter war es, dass er für eine so schlaffe, weinerliche Schülerin so viel Nachsicht und Geduld hatte. Ich konnte mich oft beim besten Willen nicht wach halten, mein müder Kopf fiel auf den Tisch, und ich schlief ein.

„Lasst sie", sagte er dann, wenn die andern mich aufrütteln wollten, „sie kann nicht, aber ihr könnt, ihr seid bei euern Eltern. Wenn die erst wieder zu Hause ist, dann sollt ihr mal sehen, dann wird's wieder besser. Mache keine von euch ihr das Leben schwer! Macht, dass sie gern herkommt, dass sie uns alle lieb hat!" Und seine guten Worte blieben nicht ohne Wirkung. Man ging mit mir um wie etwa mit einer Kranken. Viele wetteiferten, mir Gutes zu tun, und sie entwickelten ordentlich ein Zartgefühl beim Geben. „Komm!", sagten sie, „probier mal unsere Griebenbemme", oder: „Hast du schon mal solche Äpfel gegessen?"

Besonders empfänglich für die Worte: „Wohlzutun und mitzuteilen" wurden alle durch die Vorbereitung auf das nahende Weihnachtsfest. „Bereit' das Herz zur Andacht fein!" Das wurde uns ernst mahnend zugerufen. „Vergesst über der äußeren Vorbereitung nicht die innere. Richtet eure Wünsche nicht auf sichtbare Gaben, trachtet vielmehr danach, wie ihr den würdig empfangt, der auf Erd ist kommen arm, dass er unser sich erbarm! Auch das ärmste Kind hat teil an der ewigen Freude! Es ist aber auch niemand so arm, dass er nicht Weihnachtsfreude verbreiten könnte. Wer nicht Geld und Gut hat, kann durch den guten Willen, durch Fleiß und Freundlichkeit doch beitragen zu dem Wohlgefallen, wovon in der Engelsbotschaft die Rede ist."

So sprach Herr Dietze zu uns, und unsere kindlichen Herzen entzündeten sich an den guten Worten. Es entfaltete sich eine Geschäftigkeit, ein Flüstern und Planen wurde hörbar, sodass man fühlte, es liege etwas Ungewöhnliches in der Luft, man warte auf etwas Besonderes. Auch mein Kindesherz wurde von dem Wunsche beseelt, an dem allgemeinen Wohlgefallen zu bauen. Aber was konnte ich tun? Nun, ich konnte dem Sattler die Lampe mit besonderer Geduld und Aufmerksamkeit halten, sodass er nicht zum Zorn gereizt wurde. Das war freilich gar keine sichtbare Gabe, aber es war das, was ein armes Kind geben konnte. So deutete ich mir wenigstens die Worte des Lehrers. Aber ich hatte die Sehnsucht nach der Seligkeit des tatsächlichen Gebens. Dem verehrten Lehrer hätte ich so sehr gern etwas Sicht- und Greifbares geschenkt. Fiel mir denn gar nichts ein? Sollte es mir wohl möglich sein, einen Reim? – Vers? – Gedicht? – zusammenzubringen? Das war freilich ein Unternehmen! Aber wenn ich es nun so gern wollte? Natürlich konnte ich das nur abends im Bett, wenn es um mich herum ganz still war, wenn nichts mich störte. Wenn ich nun aber darüber einschlief? Oder wenn ich den Reim am Morgen wieder vergessen hatte? Ja, das waren so meine Weihnachtspläne und Weihnachtssorgen!

Am letzten Schultag vor dem Feste sagte mir Wenzel-Emilchen aus Breitenbach, ich möge am ersten Weihnachtstag doch zu ihr hinaus zum Mittagessen kommen. Am Nachmittag gingen sie aus, aber essen könne ich da. Das war ja viel, worauf ich mich freuen konnte! Im Sattlerhause wurde gescheuert, die Ziege war geschlachtet, und Kuchen und Stollen wurden gebacken. Es war der Vormittag vom 24. Dezember. Die alte Frau Triebel hatte mir gesagt, ich möge oben ihr Kämmerchen fegen. Das tat ich, und beim Fegen kam mir ein freudiger Gedanke. Wie, wenn ich außer dem Reim vielleicht noch eine Zeichnung machte für meinen lieben Lehrer? Am liebsten hätte ich ja ein Bild von der Weihnachtsgeschichte gemacht, aber ach! das überstieg bei weitem meine Kräfte! Das konnte ich wohl mit meiner Seele schauen, aber selbst bilden?! Kein Gedanke! Was konnte es denn sonst sein? Beim Vater hatte ich sonntagsnachmittags zeichnen müssen. Er legte mir dann von unsern gepressten Pflanzen eine vor, und ich musste sie nachzeichnen. Also nur eine Blume konnte es werden. – Aber welche? Halt! – Ich hab's! *Helleborus niger*, die Christrose!

Jetzt schnell hinunter in die warme Stube! Ein Blatt aus dem Heft und ein spitzer Bleistift ist alles, was ich brauche. Mit klopfendem Herzen und glühendem Gesicht gehe ich an die Aufgabe. Dass mich nur niemand stört! Nein, alle sind bei ihrer Arbeit. Die Frau ist am Backofen, die alte Frau Triebel ist auf ihrem Auszugsstübchen oben, und Meister und Lehrling arbeiten in der Werkstatt. Ach! – Nun habe ich keine Vorlage, und nun, da ich bei den Blättern angekommen bin, möchte ich doch gern mal nachsehen! So? – Ist's nicht doch so? Ich halte das Papier in Armeslänge von mir und stelle mir vor, was wohl der Vater dazu sagen würde: „Na – na!?", höre ich ihn fragen und will eben einige Verbesserungen anbringen, als plötzlich die Tür aufgeht. Es ist die alte Frau Triebel! Schnell in die Tasche mit der Zeichnung!

„So?", ruft sie zornig, „hier find' ich dich, du kleiner Spitzbube! Wer heißt dich an meine Mutsche gehen und mir den schönsten Prinzapfel stehlen?"

Mir wird schwarz vor den Augen, die Stube dreht sich mit mir, ich kann nichts sagen. Da stürzt Triebel mit einem Riemen herein.

„Zeig deine Tasche!", ruft er. Ganz mechanisch ziehe ich meine Zeichnung hervor und kehre die Tasche um. Er wirft einen flüchtigen Blick auf das zerknitterte Papier, öffnet die Ofentür, und ich sehe, wie sich mein Werk in eine rot glühende Asche verwandelt.

„Nicht einen Augenblick darf man sie allein lassen", schilt Triebel und nimmt mich mit festem Griff beim Handgelenk. Er schleppt mich über den verschneiten Hof in den leeren Ziegenstall und züchtigt mich in so erbarmungsloser Weise, dass endlich auf mein lautes Weinen die Frau hereinstürzt. Sie fällt dem zornigen Mann in den Arm und ruft: „Leberecht! – Lass das! – Hau sie nicht zuschanden! – Es ist ein fremdes Kind! Denk an die Mutter! – Leberecht! – Es ist Weihnachten!!"

Dann gingen beide. Der Mann machte den Pflock vor die Tür.

Wimmernd vor Schmerz lag ich auf der Streu. – Was hatte ich denn getan? Dieb?! Ich ein Dieb?! Und wenn nun das der Lehrer hörte? Ob der es wohl glaubte? Ob die Kinder es glaubten? Ob sie mich nun alle verachteten? Ich weinte schmerzlich. Was würde die Mutter sagen? Die würde mir glauben, die hatte das beste Zutrauen zu mir.

Dunkel und kalt um mich her. Dunkel und kalt in mir! Wann würde der Pflock von der Tür genommen? und selbst wenn er weg war, – was dann weiter? Du, Gott, siehst und weißt ja alle Dinge! Du weißt, dass ich kein Dieb bin!

Wie lange ich in Schmerzen und quälenden Gedanken da gelegen hatte, wusste ich nicht, aber ich hörte, dass leise der Pflock gezogen wurde. Es wird Frau Triebel gewesen sein.

Verweint und zerschlagen kam ich ans Tageslicht. Drinnen sah ich, dass sie zu Mittag gegessen hatten.

Als zum Kaffee aufgedeckt wurde, sagte Triebel: „Spitzbuben kriegen in meinem Hause nichts zu essen. Stell dich dahin, und sieh zu, wie uns der Kuchen schmeckt."

Nein, ich bekam an dem Tage nichts zu essen. Ich stellte mir vor, wie in der Dämmerung in anderen Häusern die Weihnachtsbäume angezündet wurden. Die Glocken läuteten zum Abendgottesdienst. Die Christenheit feierte überall Weihnachten!

Trotzdem ich mich am nächsten Tage noch krank an Leib und Seele fühlte, ging ich doch zum Wenzel-Emilchen nach Breitenbach. Als ich da still und traurig ankam, sagte die gute Bauerfrau: „Du bist ja so blass? Bist du krank?"

„Du bist so ja still?", sagte Emilchen. „Was hat dir denn das Christkind gebracht? Du musst ja auch meine Sachen sehen."

Da kamen sie wieder hoch, die Tränen! Ich würgte daran. Um sie zu verbergen drehte ich das Gesicht dem Fenster zu. Noch die Tränen in den Augen und in der Stimme, rief ich plötzlich lebhaft und streckte den Finger nach dem Garten: „Oh, da habt ihr ja Christrosen im Garten!"

„Meinst du die weißen Blumen da drüben? Findest du sie denn hübsch? Sie sind ja nicht bunt, sie sehen fast aus wie der Schnee, so weiß."

„Ach, Frau Wenzel, bitte schenken sie mir doch eine!", bat ich.

„Ei freilich! Die kannst du gerne kriegen! Ich muss mich nur wundern, wie du so hinter den Blumen her sein kannst! Na, das liegt dir ja wohl so im Blut, von Vater und Mutter her."

Emilchen und ich gingen hinaus. Da, mitten in Eis und Schnee stand ein ganzer Büschel Christrosen!

„*Oh, Helleborus niger!*", rief ich beglückt und breitete gleichsam liebkosend die Hände darüber. Dann schob ich den Schnee etwas zur Seite. War es nicht, als ob die bleichen Blumen gefrorene Tränen an den Bäckchen hätten? Die noch nicht erblühten ließen wie träumend das Köpfchen hängen. An einigen der Blüten zeigte sich eine ganz zarte Andeutung von Rot. Oh, etwas Zarteres, Lieblicheres konnte man sich kaum denken! Und so unbeachtet, so halb vergraben im kalten Schnee entfalteten sie ihre Schönheit. Mit vor Freude zitternden Händen bog ich die kräftigen Blätter, die die Blumen gleichsam schützend umstanden, ein wenig zur Seite und löste sie vorsichtig von der Wurzel. Eins der grünen kräftigen Blätter nahm ich mit. Drinnen band ich sie mit einem Faden zusammen.

Frau Wenzel sah mir lächelnd, kopfschüttelnd zu. Endlich sagte sie: „Du bist wohl ganz hin in deine Blumen, siehst wohl gar nicht die Puppe, die ich hier für dich hergelegt habe?"

Eine Puppe? Für mich?! Ich war also nicht von der Weihnachtsfreude ausgeschlossen!? Eine liebe, liebe Puppe! Ein Kind, für das ich sorgen musste, das ich lieb haben durfte, dem ich alles, alles erzählen durfte! Wieder kamen mir die Tränen hoch, aber diesmal waren es Freudentränen. Als ich der Frau und dem Emilchen meinen Dank aussprach, sagte ich zu Letzterer: „Wenn die Eltern wiederkommen, schenk ich dir auch was recht Schönes!"

„Du?! Was denn?", sagte die Frau lachend und verwundert.

„Du kannst dir nur wünschen!", sagte ich großmütig. „Wir haben so viel! Eine schöne Muschel, einen Käfer, einen bunten Schmetterling oder einen schönen Stein! Du kannst nur kommen, ich bitte Vater, dass er dich aussuchen lässt!"

„Das lass nur", sagte die Frau lachend.

Wie viel hatte ich! Die Puppe für mich, die Blumen?! Das war mein Geheimnis! Als ich das Sträußchen sinnend betrachtete, fiel mir meine Zeichnung ein. Ich musste wehmütig lächeln und mich fast freuen, dass die Flammen mein Machwerk verzehrt hatten. Wie unaussprechlich gut hatte es Gott mit mir im Sinn, er gab mir statt der stümperhaften, ausdruckslosen Zeichnung seine eigenen holden Blumen!

Nun hatte ich noch ein schweres, wichtiges Stück Arbeit vor, ich musste meinen Vers niederschreiben, und dazu hatte ich vor innerer Erregung kaum die Ruhe.

Freundlich entlassen, begab ich mich nun auf die Wanderschaft. Breitenbach liegt dicht an Siebenlehn, aber mir kam der Weg durch den Schnee, trotzdem ich in Gesellschaft der Puppe war, recht lang vor. Ich lief in weiten Zickzacklinien so drauf los, wie mir's das Herz eingab. Die Zeit war mein, und ich tat genau damit, was ich wollte; es kümmerte sich auch niemand darum, was ich damit anfing, wenn ich nur am Abend wieder zur Stelle war.

„Sieh", sagte ich zur Puppe, „nun gehen wir zuerst nach dem Forsthof, da ist ‚Daheim' – und da lass ich dich! – Ich nehm dich nicht mit zum Sattler. Warum nicht? – Ach! – Lass nur! – Das verstehst du noch nicht!"

Auf dem Forsthof ging ich mit angehaltenem Atem hinauf vor unsere Stubentür. Ich klinkte am Türdrücker, dann legte ich das Ohr an die Tür, endlich hob ich mich auf die Fußspitzen und guckte durchs Schlüsselloch – lange – lange – immer noch einmal!

„So, jetzt darfst du!", sagte ich schluchzend. „Siehst du was? Nein? Doch – du siehst etwas! Sieh mal ordentlich hin, da steht doch auf dem Tisch die Streichholzbüchse und das Lämpchen!"

Weinend brachte ich die Puppe zur Wirtin. Ich drückte ihr kaltes Köpfchen an mein Gesicht und küsste sie heftig. „Nicht für lange!", sagte ich tröstend, „dann trennen wir uns nie wieder!" – „Frau Claus", wandte ich mich an die Wirtin, „ich muss aber wissen, wo Sie sie hinlegen!"

„Ja doch, ja! Komm mit an die Lade, sieh, hier leg ich sie zwischen die Wäsche, du kannst sie dir da selbst wieder wegholen."

Nun wanderte ich weiter. Bis ich zur Schule kam, war es dämmerig geworden. Auf mein Klopfen erfolgte ein deutliches: „Herein!"

Nun, da der lang ersehnte, bis ins Einzelne ausgemalte Augenblick da war, verlor ich fast die Fassung. Was mir so wichtig und so groß erschienen war, das schrumpfte plötzlich in ein Nichts zusammen. Ach, wenn er nur nicht lachte! Nein, nicht lachen! – Nicht lachen!

Da wurde die Tür geöffnet, der volle Lampenschein fiel auf meine dürftige Gestalt, als ich dastand und stumm, mit bittendem Blick, das Sträußchen mit dem Vers hinhielt.

„Ei! – Christrosen!" –, rief der Lehrer freundlich. „Komm doch herein, hier setz dich! Wie geht es dir denn? Und du machst mir solche Freude!"

Da war's, als sollte mir das Herz brechen vor innerer Erregung.

„Diese Blumen", fuhr Herr Dietze fort, „gehören mit zu meinen Lieblingsblumen. Es ist eine kleine tapfere, standhafte Blume! Wir wollen sie gleich in Wasser setzen, da hält sie sich lange, die ist abgehärtet! Deine freundlichen Worte dazu aber will ich mir aufbewahren. Warte, ich zünde die Spiritusflamme an. Eh wir's uns versehen, haben wir eine Tasse Kaffee, und in dieser Kiste ist ein schöner Rosinenstollen, den schneiden wir an, und bis das Wasser kocht, singen wir eins von unsern schönen Weihnachtsliedern." Er holte die Geige von der Wand und stimmte mit seiner kräftigen, jugendlichen Stimme an, und ich fiel mit meiner schwachen schüchtern ein. Wir sangen:

„Es ist ein' Ros entsprungen,
Aus einer Wurzel zart,
Als uns die Alten sungen,
Von Jesse kam die Art,
Und hat ein Blümlein bracht
Mitten im kalten Winter,
Wohl zu der halben Nacht."

Als ich eines Tages aus der Schule kam, fiel es mir auf, dass mich Frau Triebel so sonderbar von der Seite ansah. Ich blickte prüfend an mir herunter, konnte aber nichts Auffallendes bemerken. Da sagte sie: „Hol die Seife, stell dich hinter den Ofen und wasch dich gründlich. Hier ist ein neuwaschnes Hemd, das zieh dir an, und kämm dirs Haar."

Sehr verwundert tat ich, was sie mir sagte, und als ich fertig war, sagte sie: „So, nun geh mal auf den Forsthof und sieh, wer da ist."

Da wusste ich es!

Auf dem Hofplatz sah ich den grün gestrichenen Wagen, atemlos stürzte ich die Treppe hinauf, öffnete eilig die Stubentür und rief: „Ach, dass ihr doch endlich da seid! Aber nie in meinem ganzen Leben will ich den Triebel wieder sehen!"

Ein Kind hat Kummer

Erich Kästner

Es gibt viele gescheite Leute auf der Welt, und manchmal haben sie Recht. Ob sie Recht haben, wenn sie behaupten, Kinder sollten unbedingt Geschwister haben, nur weil sie sonst zu allein aufwüchsen, verzärtelt würden und fürs ganze Leben Eigenbrötler blieben, weiß ich nicht. Auch gescheite Leute sollten sich vor Verallgemeinerungen hüten. Zweimal zwei ist immer und überall vier, in Djakarta, auf der Insel Rügen, sogar am Nordpol; und es stimmte auch schon unter Kaiser Barbarossa. Doch bei manchen anderen Behauptungen liegen die Dinge anders. Der Mensch ist kein Rechenexempel. Was auf den kleinen Fritz zutrifft, muss bei dem kleinen Karl nicht stimmen.

Ich blieb das einzige Kind meiner Eltern und war damit völlig einverstanden. Ich wurde nicht verzärtelt und fühlte mich nicht einsam. Ich besaß ja Freunde! Hätte ich einen Bruder mehr lieben können als Kießlings Gustav, und eine Schwester herzlicher als meine Kusine Dora? Freunde kann man sich aussuchen, Geschwister nicht. Freunde wählt man aus freien Stücken, und wenn man spürt, dass man sich ineinander geirrt hat, kann man sich trennen. Solch ein Schnitt tut weh, denn dafür gibt es keine Narkose. Doch die Operation ist möglich, und die Heilung der Wunde im Herzen auch.

Mit Geschwistern ist das anders. Man kann sie sich nicht aussuchen. Sie werden ins Haus geliefert. Sie treffen per Nachnahme ein, und man darf sie nicht zurückschicken. Geschwister sendet das Schicksal nicht auf Probe. Zu unserm Glück können aus Geschwistern Freunde werden. Häufig bleiben sie nur Geschwister. Manchmal werden sie zu Feinden. Das Leben und die Romane erzählen über das Thema schöne und rührende, aber auch traurige und schreckliche Geschichten. Ich habe manche gehört und gelesen. Aber mitreden, das kann ich nicht. Denn ich blieb, wie gesagt, das einzige Kind und war damit einverstanden.

Nur einmal in jedem Jahr hätte ich sehnlich gewünscht, Geschwister zu besitzen: am Heiligabend! Am Ersten Feiertag hätten sie ja gut und gerne wieder fortfliegen können, meinetwegen erst nach dem Gänsebraten mit den rohen Klößen, dem Rotkraut und dem Selleriesalat. Ich hätte sogar auf meine eigene Portion verzichtet und stattdessen Gänseklein gegessen, wenn ich nur am 24. Dezember abends nicht allein gewesen wäre! Die Hälfte der Geschenke hätten sie haben können, und es waren wahrhaftig herrliche Geschenke!

Und warum wollte ich gerade an diesem Abend, am schönsten Abend eines Kinderjahres, nicht allein und nicht das einzige Kind sein? Ich hatte Angst. Ich fürchtete mich vor der Bescherung! Ich hatte Furcht davor und durfte sie nicht zeigen. Es ist kein Wunder, dass ihr das nicht gleich versteht. Ich habe mir lange überlegt, ob ich darüber sprechen solle oder nicht. Ich will darüber sprechen! Also muss ich es euch erklären.

Meine Eltern waren, aus Liebe zu mir, aufeinander eifersüchtig. Sie suchten es zu verbergen, und oft gelang es ihnen. Doch am schönsten Tag im Jahr gelang es ihnen nicht. Sie nahmen sich sonst, meinetwegen, so gut zusammen, wie sie konnten, doch am Heiligabend konnten sie es nicht sehr gut. Es ging über ihre Kraft. Ich wusste das alles und musste, uns dreien zuliebe, so tun, als wisse ich's nicht.

Wochenlang, halbe Nächte hindurch, hatte mein Vater im Keller gesessen und, zum Beispiel, einen wundervollen Pferdestall gebaut. Er hatte geschnitzt und genagelt, geleimt und gemalt, Schriften gepinselt, winziges Zaumzeug zugeschnitten und genäht, die Pferdemähnen mit Bändern durchflochten, die Raufen mit Heu gefüllt, und immer noch war ihm, beim Blaken der Petroleumlampe, etwas eingefallen, noch ein Scharnier, noch ein Beschlag, noch ein Haken, noch ein Stallbesen, noch eine Haferkiste, bis er endlich zufrieden schmunzelte und wusste: „Das macht mir keiner nach!"

Ein andermal baute er einen Rollwagen mit Bierfässern, Klappleitern, Rädern mit Naben und Eisenbändern, ein solides Fahrzeug mit Radachsen und auswechselbaren Deichseln, je nachdem, ob ich zwei Pferde oder nur eins einspannen wollte, mit Lederkissen fürs Abladen der Fässer, mit Peitschen und Bremsen am Kutschbock, und auch dieses Spielzeug war ein fehlerloses Meisterstück und Kunstwerk!

Es waren Geschenke, bei deren Anblick sogar Prinzen die Hände überm Kopf zusammengeschlagen hätten, aber Prinzen hätte mein Vater sie nicht geschenkt.

Wochenlang, halbe Tage hindurch, hatte meine Mutter die Stadt durchstreift und die Geschäfte durchwühlt. Sie kaufte jedes Jahr Geschenke, bis sich deren Versteck, die Kommode, krumm bog. Sie kaufte Rollschuhe, Ankersteinbaukästen, Buntstifte, Farbtuben, Malbücher, Hanteln und Keulen für den Turnverein, einen Faustball für den Hof, Schlittschuhe, musikalische Wunderkreisel, Wanderstiefel, einen Norwegerschlitten, ein Kästchen mit Präzisionszirkeln auf blauem Samt, einen Kaufmannsladen, einen Zauberkasten, Kaleidoskope, Zinnsoldaten, eine kleine Druckerei mit Setzbuchstaben und, von Paul Schurig und den Empfehlungen des Sächsischen Lehrervereins angeleitet, viele, viele gute Kinderbücher. Von Taschentüchern, Strümpfen, Turnhosen, Rodelmützen, Wollhandschuhen, Sweatern, Matrosenblusen, Badehosen, Hemden und ähnlich nützlichen Dingen ganz zu schweigen.

Es war ein Konkurrenzkampf aus Liebe zu mir, und es war ein verbissener Kampf. Es war ein Drama mit drei Personen, und der letzte Akt fand, alljährlich, am Heiligabend statt. Die Hauptrolle spielte ein kleiner Junge. Von seinem Talent aus dem Stegreif hing es ab, ob das Stück eine Komödie oder ein Trauerspiel wurde. Noch heute klopft mir, wenn ich daran denke, das Herz bis in den Hals.

Ich saß in der Küche und wartete, dass man mich in die Gute Stube riefe, unter den schimmernden Christbaum, zur Bescherung. Meine Geschenke hatte ich parat: für den

Papa ein Kistchen mit zehn oder gar fünfundzwanzig Zigarren, für die Mama einen Schal, ein selbst gemaltes Aquarell oder – als ich einmal nur noch fünfundsechzig Pfennige besaß – in einem Karton aus Kühnes Schnittwarengeschäft, hübsch verpackt, die sieben Sachen. Die sieben Sachen? Ein Röllchen weißer und ein Röllchen schwarzer Seide, ein Heft Stecknadeln und ein Heft Nähnadeln, eine Rolle weißen Zwirn, eine Rolle schwarzen Zwirn und ein Dutzend mittelgroßer schwarzer Druckknöpfe, siebenerlei Sachen für fünfundsechzig Pfennige. Das war, fand ich, eine Rekordleistung! Und ich wäre stolz darauf gewesen, wenn ich mich nicht so gefürchtet hätte.

Ich stand also am Küchenfenster und blickte in die Fenster gegenüber. Hier und dort zündete man schon die Kerzen an. Der Schnee auf der Straße glänzte im Laternenlicht. Weihnachtslieder erklangen. Im Ofen prasselte das Feuer, aber ich fror. Es duftete nach Rosinenstollen, Vanillezucker und Zitronat. Doch mir war elend zumute. Gleich würde ich lächeln müssen, statt weinen zu dürfen.

Und dann hörte ich meine Mutter rufen: „Jetzt kannst du kommen!" Ich ergriff die hübsch eingewickelten Geschenke für die beiden und trat in den Flur. Die Zimmertür stand offen. Der Christbaum strahlte. Vater und Mutter hatten sich links und rechts vom Tisch postiert, jeder neben seine Gaben, als sei das Zimmer samt dem Fest halbiert. „Oh", sagte ich, „wie schön!", und meinte beide Hälften. Ich hielt mich noch in der Nähe der Tür, sodass mein Versuch, glücklich zu lächeln, unmissverständlich beiden galt. Der Papa, mit der erloschnen Zigarre im Munde, beschmunzelte den firnisblanken Pferdestall. Die Mama blickte triumphierend auf das Gabengebirge zu ihrer Rechten. Wir lächelten zu dritt und überlächelten unsre dreifache Unruhe. Doch ich konnte nicht an der Tür stehen bleiben!

Zögernd ging ich auf den herrlichen Tisch zu, auf den halbierten Tisch, und mit jedem Schritt wuchsen meine Verantwortung, meine Angst und der Wille, die nächste Viertelstunde zu retten. Ach, wenn ich allein gewesen wäre, allein mit den Geschenken und dem himmlischen

Gefühl, doppelt und aus zweifacher Liebe beschenkt zu werden! Wie selig wär ich gewesen, und was für ein glückliches Kind! Doch ich musste meine Rolle spielen, damit das Weihnachtsstück gut ausgehe. Ich war ein Diplomat, erwachsener als meine Eltern, und hatte dafür Sorge zu tragen, dass unsre feierliche Dreierkonferenz unterm Christbaum ohne Missklang verlief. Ich war, schon mit fünf und sechs Jahren und später erst recht, der Zeremonienmeister des Heiligen Abends und entledigte mich der schweren Aufgabe mit großem Geschick. Und mit zitterndem Herzen.

Ich stand am Tisch und freute mich im Pendelverkehr. Ich freute mich rechts, zur Freude meiner Mutter. Ich freute mich an der linken Tischhälfte über den Pferdestall im Allgemeinen. Dann freute ich mich wieder rechts, diesmal über den Rodelschlitten, und dann wieder links, besonders über das Lederzeug. Und noch einmal rechts, und noch einmal links, und nirgends zu lange, und nirgends zu flüchtig. Ich freute mich ehrlich und musste meine Freude zerlegen und zerlügen. Ich gab beiden je einen Kuss auf die Backe. Meiner Mutter zuerst. Ich verteilte meine Geschenke und begann mit den Zigarren. So konnte ich, während der Papa das Kistchen mit seinem Taschenmesser öffnete und die Zigarren beschnupperte, bei ihr ein wenig länger stehen bleiben als bei ihm. Sie bewunderte ihr Geschenk, und ich drückte sie heimlich an mich, so heimlich, als sei es eine Sünde. Hatte er es trotzdem bemerkt? Machte es ihn traurig?

Nebenan, bei Grüttners, sangen sie „O du fröhliche, o du selige gnadenbringende Weihnachtszeit!" Mein Vater holte ein Portemonnaie aus der Tasche, das er im Keller zugeschnitten und genäht hatte, hielt es meiner Mutter hin und sagte: „Das hätt ich ja beinahe vergessen!" Sie zeigte auf ihre Tischhälfte, wo für ihn Socken, warme lange Unterhosen und ein Schlips lagen. Manchmal fiel ihnen, erst wenn wir bei Würstchen und Kartoffelsalat saßen, ein, dass sie vergessen hatten, einander ihre Geschenke zu geben. Und meine Mutter meinte: „Das hat ja Zeit bis nach dem Essen."

Anschließend gingen wir zu Onkel Franz. Es gab Kaffee und Stollen. Dora zeigte mir ihre Geschenke. Tante Lina klagte ein bisschen über ihre Aderbeine. Der Onkel griff nach einer Havannakiste, hielt sie meinem Vater unter die Nase und sagte: „Nimm schon eine! Sowas kriegst du nicht alle Tage!" Und mein Vater sagte: „Ich bin so frei."

Frieda, die Wirtschafterin und treue Seele, schleppte Stollen, Pfefferkuchen, Rheinwein oder, wenn der Winter kalt geraten war, dampfenden Punsch herbei und setzte sich mit an den Tisch. Dora und ich versuchten uns auf dem Klavier an Weihnachtsliedern, der ‚Petersburger Schlittenfahrt' und dem ‚Schlittschuhwalzer'. Und Onkel Franz begann meine Mutter zu hänseln, indem er aus der Kaninchenhändlerzeit erzählte. Er machte uns vor, wie die Schwester damals ihre Brüder verklatscht hätte. Meine Mutter wehrte sich so gut sie konnte. Aber gegen Onkel Franz und seine Stimme war kein Kraut gewachsen. „Eine alte Klatschbase warst du!", rief er laut, und zu meinem Vater sagte er übermütig: „Emil, deine Frau war schon als Kind zu fein für uns!" Mein Vater blinzelte stillvergnügt über den Brillenrand, trank einen Schluck Wein, wischte sich den Schnurrbart und genoss es von ganzem Herzen, dass meine Mutter endlich einmal nicht das letzte Wort haben sollte. Das war für ihn das schönste Weihnachtsgeschenk! Sie hatte vom Weintrinken rote Bäckchen bekommen. „Ihr wart ganz gemeine, niederträchtige und faule Lausejungen!", rief sie giftig. Onkel Franz freute sich, dass sie sich ärgerte. „Na und, Frau Gräfin?", gab er zur Antwort. „Aus uns ist trotzdem was geworden!" Und er lachte, dass die Christbaumkugeln schepperten.

Die Hirten

Gottfried Unterdörfer

Das war ein Hundeleben
nachtein tagaus im Feld.
Da wuchsen keine Reben.
Da brachte Diebstahl Geld.

Sie lagen klamm in Decken.
Die Nächte waren kühl.
Nichts konnte sie erschrecken.
Sie sparten ihr Gefühl

für nüchterne Gedanken.
Wer in der Armut wohnt,
erwägt, wie er die Schranken
durchbricht, dass es sich lohnt.

Oft stritten sie zusammen.
Und Fluchen und Gesang
umgab der Scheite Flammen
in immer gleichem Gang.

Und diese Rauen, Groben,
die sprach der Engel an,
dass sie der Ruf von oben
durchblitzte wie ein Bann.

Da zogen sie mit Gaben
und mit viel Neugier los
und fanden einen Knaben
auf einer Mutter Schoß.

Das stimmte sie versöhnlich.
Doch wunderte das nur.
Sie galten für gewöhnlich.
Man glaubte nicht der Spur,

von der die Hirten bieder
erzählten Groß und Klein.
Da hüllten sie sich wieder
in ihre Decken ein.

Der Wind ging durch die Hütte.
Der Tag nahm seinen Lauf.
Das Kind lag auf der Schütte
und keiner nahm es auf.

Skandal um Weihnachten

Marianne Hamm

Wer hätte das gedacht! Wir fingen so harmlos an. So wie immer. Wenn die Blätter des großen Tulpenbaums im Park lederbraun wurden, dann kamen die Hofekinder und fragten, ob es „losgehen" könnte. Was denn? Na, eben die Zeit vor Weihnachten. Die Kinder, die das ganze Jahr über auf dem Rittergut gearbeitet hatten, die Rüben verzogen, Kartoffeln gelesen und Kühe gehütet hatten, die hatten ein Recht darauf, vor Weihnachten in die Margaretenstube zu kommen und dort gemütlich zu sein. Es war aber auch schön dort. Bis zur Erde gewölbt war der weiß getünchte Raum. An der Wand hing die große Karte von Deutschland, wie sie uns Koch gezeichnet hatte, mit allen Kirchtürmen und Bergen, Flüssen und Wäldern. Das Zinngesicht der alten Uhr guckte ein bisschen verärgert auf das rote handgewebte Tischtuch und die lustigen Bunzlauer Milchtöpfchen, aus denen die Kinder ihre Jause tranken. Aus der Ofenecke kam eine Bullenglut, die langsam den kuschligen Raum durchdrang. Ja also, da war es nun mal wieder so weit. Wir mussten an Weihnachten denken. Die kleinen Mädchen holten ihren Häkelhaken hervor, und die Jungens sägten und schnippelten mehr oder weniger geschickt drauf los, aber ehe es so weit war, wurde geknufft und gegickert oder übel genommen, worin Hensels Liese besonders groß war. Sie drohte jedesmal mit Abbruch der Beziehungen, ließ sich aber gerne erweichen, wenn der erste Pfefferkuchen auf der Bildfläche erschien. Immerhin, gegen Ende der Mittwochnachmittage wurde immer eine Geschichte fällig, eine, die, an den Augen der Kinder abgelesen, immer wieder Fortsetzungen haben musste, und bei der sie dann alle ganz still wurden.

Heute durchzog ein süßer Duft das ganze Haus. Die Stollen waren fertig geworden, die Stollen, an deren Entstehung wir alle mitgeholfen hatten, bis schließlich der Teig mit den verlesenen und gewaschenen Rosinen und den süßen und bitteren Mandeln in der großen Waschbütte fein säuberlich zugedeckt eine Nacht gestanden hatte. Nicht zu warm und nicht zu kalt, versteht sich! Mit grimmiger Miene hatte die dicke Köchin uns den Zutritt zur „westlichen Garderobe" verboten; denn dort war Raum für die Ruhe, die richtige sächsische Christstollen brauchten. Auf großen Brettern lagen sie nun nebeneinander, lauter gebackene Christkindwindeln bittersüßen Inhalts, und erst am 23. Dezember, wenn der Herr Schullehrer zum Anstimmen der Lieder kam, wurde die erste angeschnitten und mit einem Gläschen Wein ihm, dem Gestrengen, kredenzt. Vorher versäumte er nicht, murmelnd vor sich hin zu beten, wobei sein Daumen in den lose gefalteten Händen leise zitterte.

Aber nicht davon soll jetzt die Rede sein, sondern von dem Weihnachten, das die Hofekinder sich ausgedacht hatten. Dieses Mal wollten wir nicht ein Krippenspiel „einüben", nein, wir hatten uns überlegt, dass wir die Geschichte von Maria und Joseph mit dem Kinde einfach aus dem Stegreif spielen wollten. Da gab es einen bösen Wirt, der grausam die obdachlosen Leute abwies, ja sogar seine Frau war zu sehen, die dem hohen Paare dann doch noch schließlich den Raum im Stalle anwies. Alles geschah vor unsern Augen, natürlich auch die Verkündigung auf dem Felde, wobei Möbius' Frieda ihr bestes neues Nachthemd als Gabriel angezogen hatte. Wehe den Hirten, die sich nicht gefreut haben würden! Zwischen den einzelnen Szenen sangen wir die alten Lieder mit allen Versen. Es sollte wirklich schön werden am Tag der Bescherung, und alle Leute, die dabei sein würden, sollten etwas vom richtigen Weihnachten erleben können. Die Kinder durften sich zu diesem Abend einladen, wen sie wollten. Er war ihr eigenstes Fest, und im Gerichtssaal war Platz genug für alle. Kein Wunder, dass sie sich in diesem Jahr die Hamburger Kinder eingeladen hatten, die wegen der Bomben im Rahmen der Kinderlandverschickung bei uns untergebracht worden waren. Sie hatten Heimweh und konnten ein bisschen Freude gebrauchen.

Tatsächlich, sie sangen alle mit und sahen mit Staunen, wie die sächsischen Kinder sich in die Weihnachtsgeschichte hineingedacht hatten, wie innig Maria ihr Kind versorgte und wie behutsam Joseph immer wieder seinen Mantel um sie schlug, wie rührend der kleinste Hirte seinen Pfefferkuchen vor die Krippe hinlegte und mit welchem feierlichen Ernst die drei Könige ihre Schätze darbrachten. Es wunderte sich auch keiner, dass das Christkind so viele Aschenbecher geschenkt bekam und dass die brokatenen Vorhänge aus der Bibliothek plötzlich als Schleppe hinter Kosts Alwin herschleiften. Alles durfte dabei sein und mitmachen, wenn es darum ging, die heilige Geschichte darzustellen.

Nur ein Mensch verschloss sich zusehends dem Geschehen. Die Leiterin der Hamburger Kinder in ihrer BDM-Tracht stand mit verschränkten Armen stirnrunzelnd an der Seite, den Augenblick ersehnend, dass das „Theater" endlich zu Ende wäre. Voller Ingrimm meldete sie sich danach bei mir: „Welche Verbiegung deutscher Kinder, welches jüdische Theater, welche blödsinnige Lüge ..." Es konnten ihr nicht genug Schmähungen einfallen, mit denen sie unser Beginnen überschütten musste. Sie hatte den Auftrag bekommen, den ihr anbefohlenen Kindern dies Jahr endlich ein richtiges Hitler-Weihnachten zu bereiten: eine Sonnwendfeier, wie sie für deutsche Kinder das Richtige wäre, und nicht solchen überflüssigen jüdischen Quark, wie er eben hier geboten worden war. Nein, sie müsse wirklich sagen, da gäbe es keine Gnade, das müsse sie ihrer Dienststelle melden, und was daraus werden würde, dafür könne sie nicht garantieren.

Vielleicht war es ihr gar nicht lieb, dass sie mit ihrer Empörung so ins Leere stieß. Ganz ruhig setzten wir uns zu ihr auf die Ofenbank und ließen sie fauchen. Das Pulver war schnell verschossen, es bestand eigentlich nur aus Gemeinplätzen und aus dem immer wieder empört vorgetragenen Vorwurf „Wie können Sie nur die Kinder so anlügen". Natürlich konnte ich ihr sagen, dass die ganze Geschichte auch historisch zu belegen sei, dass es einen Kaiser gegeben habe in Rom, der Augustus hieß, und dass Herodes' Name mit blutigen Lettern in die Geschichte eingegangen ist. Nein, aber auch wenn von den beiden nicht die Rede gewesen wäre, gibt es nicht Wahrheiten, die deutlicher sind als die Buchstaben, die von ihnen künden? Was heißt hier Lüge? Freilich, es stehen erstaunliche Sachen in der Bibel, aus der ja auch die Geschichte von Weihnachten zu lesen ist. Was z. B. sagt denn ein Mensch, der sich mit der See auskennt, zu der Geschichte von Petrus auf dem Meere? Jeder, der die hohen Wellen kennt, weiß, dass es ganz ausgeschlossen ist, darauf zu gehen! Welcher Unsinn, welche Lüge! Das schlägt ja noch die Weihnachtsgeschichte, nicht wahr? Die junge BDM-Führerin stimmte mir zu. Aber dann überlegten wir gemeinsam, dass es große Wellen gäbe, in denen man versinken und ertrinken könne und über die zu gehen unmöglich wäre, es sei denn, einer hülfe einem heraus. Wellen von Liebe und von Hass oder Neid und Eifersucht oder Schuld oder Heimweh, die einen schier verzehren könnten und wegspülen vom eigentlichen Wege, wenn einem nicht einer hülfe. Nicht wahr, das gibt es?

Es war still geworden im Gerichtssaal, die Kinder hatten sich verzogen, und während die letzten Kerzen auf dem Baum verflackerten, erzählten wir uns von Wahrheit und Wunder der Weihnacht. Am Heimweh, gegen das kein Kraut gewachsen ist, erkannten wir das große Geschenk von Weihnachten, dass wir nun nicht mehr in der Fremde sind und nicht mehr allein und dass uns die Wellen nicht mehr verschlucken können, die über uns stürzen, sondern dass es alle Mal einen Weg gibt über diese Wellen hinweg und eine Hand, die einem heraushilft, und dass das wahr ist, hundertmal wahr, auch wenn die Leute es von sich schieben wollen und übertönen mit Lärm und viel zu grellen Lichtern.

Erst als es fast ganz dunkel war im Raum, trennten wir uns.

Der Brief an die Dienststelle wurde geschrieben, aber ganz anders. Die Dienststelle bekam von der BDM-Führerin zu erfahren, was wirklich Weihnachten wäre und dass man trotz verpasster Sonnenwende und Lagerleben und Heimweh Weihnachten feiern müsse und dass es kein Wunder wäre, dass die Menschen um diese Zeit wieder die alten Lieder sängen.

Freilich – dieser Brief hat uns danach viele Schwierigkeiten und auch Gefahr gebracht, dem jungen Mädel und mir; denn damals war die Drohung mit dem KZ bitterer Ernst, wenn einer gegen die befohlene Weltanschauung aufbegehrte. – Aber das ist eine andere Geschichte, die mit dem Wunder der Weihnacht nur noch wenig zu tun hat.

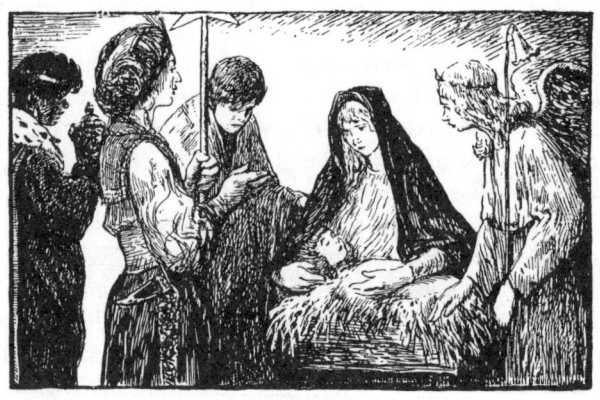

Die Sünden der ganzen Welt

Karl Roland

Über den Bombenkrieg will niemand reden und reden hören, darum vielleicht, weil man nicht wissen kann, ob er nicht auf einmal, schlimmer als je, wieder da ist. Aber neulich, mit diesem alten geistlichen Herrn aus Sachsen, kam unversehens doch das Gespräch darauf.

„Unsre Stadt als Industriestadt", so erzählte er, „ist besonders hart vom Bombenkrieg betroffen worden. Es fing früh damit an und dauerte bis zuletzt, wir hatten eine ungewöhnliche hohe Zahl von Todesopfern, und wie qualvoll mussten da die Menschen ersticken und verbrennen, von der Angst gar nicht zu reden, die sie vorher aushielten! Es war eine schlimme Zeit, hinterher begreift man eigentlich gar nicht, wie man sie durchgestanden hat, man vergisst auch vieles, Gott sei Dank. Wo käme man hin, wenn man nicht manches auch wieder vergessen könnte?"

„Aber den Weihnachtsabend von 1944", meinte er, „den hoffe ich nicht zu vergessen, solang ich lebe."

„Ich weiß nicht, wie das Gerücht aufgekommen war, die Engländer und Amerikaner würden in der Christnacht diesmal nicht kommen. Es wird wohl einfach der Wunsch der Vater des Gedankens gewesen sein, denn eine bombenverschonte Christnacht – ja, das konnte man sich damals schon wünschen, es wäre viel, wäre ein großes Geschenk gewesen und eine Ermutigung für alles Menschenvertrauen und Friedenshoffen, für das man sonst in der verfinsterten Welt schon gar keine Gründe mehr fand und das man doch nicht aufgeben wollte. Es gab Leute in meiner eigenen Gemeinde, die behaupteten, es ganz genau zu wissen: diesmal bleiben sie aus, diesmal wollen sie den armen gequälten Menschen der deutschen Städte ein Aufatmen gönnen, in dieser einen, der Heiligen Nacht soll es still bleiben, soll keine Bombe fallen, auch die Unsern werden nicht hinüberfliegen, um Bomben zu werfen ... nur freilich, das bedeutete damals schon fast nichts mehr, wir waren schon so hoffnungslos unterlegen gegen die Tausende von Flugzeugen, welche die andern herüberschickten, der lange Krieg neigte sich ja schon zu Ende, neigte sich, und konnte doch nicht sterben."

„Die bombenverschonte Christnacht – das war also wie zu einem Wunschtraum für meine Gemeindekinder geworden. Mir war nicht geheuer dabei, denn was hilft ein Trost, der nachher nicht Stich hält? Und ich versuchte es ihnen auszureden, noch am Nachmittag in meiner Christvesper, die ich abhielt, obwohl ich merken konnte, wie ungern meine Worte gehört wurden. Ich mahnte sie ab, ihr Vertrauen auf unverbürgte Gerüchte zu setzen, ich sagte Ihnen, es sei uns ja nirgends in der Bibel versprochen, dass uns ein Leid erspart werden sollte, wohl aber, dass Christus, der Herr, daran teilnehme: das sei versprochen, und darauf könnten wir uns fest verlassen. Ich will aber nicht leugnen, dass ich selber ganz im Innersten und Stillen doch auch ein wenig hoffte, das gute Gerücht möchte wahr sein. Man war schon so müde und so bereit, auf Schonungen zu hoffen!"

Und ob denn also die Flieger dann wirklich ausgeblieben wären? fragten wir den Geistlichen.

„Keine Rede", sagte er; er lächelte dazu mit feinen Falten auf der Wange, und wir wunderten uns über das freie, gar nicht bittere Lächeln. „Keine Rede, sie kamen genau wie immer, kann sein, dass es eine halbe Stunde später als sonst war, sodass die Hoffnung gerade Zeit gehabt hatte, sich ein bisschen zu verfestigen; einige ließen die Kinder zu Bett gehen. – Ja, und dann kam es. Die Vorwarnung, der Vollalarm, und man musste in den Keller und traf sich dort mit den anderen Parteien im Haus. Bei uns war es so, dass mehrere von den Parteien zu meiner Gemeinde gehörten, und wir hatten eigentlich jedes Mal im Bombenkeller eine anständige Stille durchsetzen können, sogar unser Hausmeister, der ein eifriger Hitlermann war, sagte nichts dagegen, wenn ich aus der Bibel etwas las und ein gemeinsames Gebet sprechen ließ. Es ist ja eben doch etwas anderes, wissen Sie: bei hellem Tageslicht ‚gegen die Religion‘ zu sein, oder bei Nacht, und wenn man die Bomben fallen hört.“

„Aber diesmal war es, als sei der Teufel in die Leute gefahren. Man konnte sie darum nicht verurteilen; die Enttäuschung, die Bitterkeit waren zu groß, sie hatten Arges durchgemacht, und noch Ärgeres stand ihnen bevor. Irgendjemand, es war nicht einmal der Hausmeister als der Erste, fing an, auf die Alliierten zu schimpfen, die den Krieg gegen Frauen und Kinder führten; die aus sicherer Höhe ihre Bomben warfen, wo keine Gegenwehr sie erreichen konnte. Eine Gemeinheit sei das, aber kein ehrlicher Krieg – und das stimmte ja auch. Und es fielen immer neue Worte, in denen der Hass weiterzündelte: wie man ihnen heimzahlen würde, wenn wir erst unsre Vernichtungswaffen richtig in Gang gebracht hätten! Und: wenn es nur schon so weit wäre! Und: für solche Gegner sei die böseste Vergeltung gerade gut genug! Sie können sich denken, wie mir die Worte ins Herz schnitten, besonders, wenn ich daran dachte, wie unser eigenes Volk sich während dieses schrecklichen Krieges an den anderen Völkern vergangen hatte. Es ist ja wahr, wir wussten damals noch kaum etwas Sicheres davon, hatten nur hier und da eine einzelne schreckliche Erfahrung, und vieles hörte man flüstern von Mund zu Ohr. Immerhin, es war gerade genug, dass es mir die grimmigen Worte über die Schuld unsrer Feinde unerträglich machte; und zudem, müssen Sie erinnern, war das ja der Weihnachtsabend.“

„Ich weiß nicht mehr, wie es mir gelungen ist, das ungute Gespräch zum Schweigen zu bringen und so ganz und gar umzuwenden ... Wahrscheinlich ist es nicht mir gelungen, sondern: weil man die Bomben, auch von der Tiefe unsres Kellers aus, ziemlich nah hören konnte. Dass den Menschen die hassvollen Worte in ihrer Angst zerbrachen, und dass ich sie so weit bringen konnte, auf mich zu hören.“

„Ich betete ihnen vor; und Einzelne, zuerst nur meine Gemeindekinder, beteten mir nach. Das Vaterunser war das Erste; unser Hausmeister sagte kein Wort dagegen.

Danach aber, wissen Sie, fing ich an zu bitten, wie es mir eingegeben wurde: für die Menschen und die Staatsoberhäupter und die Völker, die Unrechtes tun – und eine Frau aus meiner Gemeinde, eine Kleinladenbesitzerin, auf die ich mich immer verlassen konnte, jetzt lebt sie nicht mehr, hatte begriffen, worauf es ankam: dass man die Menschen von ihren Hassgedanken wegbringen musste, und respondierte nach jedem Gebetsabschnitt, was ich vorgesprochen hatte: dass Jesus die Versöhnung für unsre Sünden ist, nicht aber nur für die unsrigen, auch für die der ganzen Welt. Sie wiederholte es immer wieder, und immer mehr von den Übrigen schlossen sich ihr an. Und das Ende war, dass dort in unserm Keller am Weihnachtsabend 1944 auch für die Flieger gebetet worden ist, die unter einem unmenschlichen Befehl standen und den Tod über wehrlose Frauen und Greise und Kinder bringen mussten."

„Wir haben in der gleichen Nacht, gegen Morgen zu, noch etwas sehr Schlimmes zu sehen bekommen, denn ein Volltreffer ist in ein benachbartes Haus gegangen, und nachher bei den Bergungsarbeiten fand man die verkohlten Kinderleichen; es hat wirklich keinen Sinn, darüber zu sprechen, wozu auch? Ich sage es nur, damit Sie deutlich wissen, dass durchaus kein irgendwie handgreifliches, beschützendes Wunder eingetreten ist, keine Rede! sondern der Ablauf der Menschendinge, wie er nun einmal ist, unschön und unerbaulich – Nein, das ‚Wunder', wenn Sie so wollen, war die Fürbitte selbst, aus dem Munde der Gefährdeten und Leidenden, für ihre Leidbringer."

„An diese Christnacht 1944", sagte der alte Geistliche, „denke ich immer noch gern: wo aus unsrem Keller den Feindfliegern, die über die Stadt hindonnerten und ihre Bomben aushakten, das Fürbittgebet für ihre und unser aller Sünde entgegengestiegen ist, heller als die Brände, die sie anzünden konnten, und nicht todausstreuend, nein, lebenserweckend – das Fürbittgebet für die Sünden der ganzen Welt."

Der Mann und das Kind

Kurt Ihlenfeld

Sollte man nicht alles daran setzen, um den Heiligen
Abend mit seiner Familie zusammen zu feiern, selbst wenn
es eine umständliche und anstrengende Reise kostete? Solche unternahm ich im harten Winter 1946, zwei Tage vor
Weihnachten – und erreichte mein Ziel, eine größere sächsische Industriestadt, am Heiligen Abend kurz nach Eintritt der Dunkelheit, also gerade rechtzeitig, um noch an
der häuslichen Feier teilnehmen zu können, zu der meine
Verwandten mich eingeladen hatten. Es war ein bitterkal-
ter Tag, und der Schnee trieb durch die lässig verklebten
Fenster unseres Abteils leise knisternd herein. Stockfinster
war es darin. Nur dadurch, dass der Wagen überfüllt und
die Menschen eng gedrängt nebeneinander saßen und standen, wurde die Kälte nicht in ihrer ganzen Wucht fühlbar,
aber immerhin doch so weit, dass niemand Lust zum Reden verspürte und ein paar Versuche, die Sache von der hu-
morvollen Seite zu nehmen, ohne Widerhall blieben. Man
fror, man schwieg, man schloss die Augen und wartete ver-
drossen auf das Ende der Fahrt. Der Zug langte in P. mit einer Verspätung von mehr als einer Stunde an, was damals als
gute Leistung befunden wurde. Auch der Bahnhof in P.
war dunkel. So schob sich die Menge der Reisenden von einem Dunkel ins andere, und überraschend schnell verlief
sich der Schwarm auf dem Vorplatz, wo nur ein paar frie-
rende Kinder mit ihrem Handwagen darauf warteten, sich
mit einer so genannten „Fuhre" eine Kleinigkeit zu verdienen.

Kurz entschlossen gab ich meinen von einer Bücherlast
ziemlich beschwerten Koffer einem vor seinem Gefährt
auf- und niederhüpfenden, die Hände ineinander schla-
genden Knaben, nannte ihm die Straße und die Hausnum-
mer und griff dann mit an die Deichsel in der Meinung,
dem Kinde möchte die Fracht zu schwer werden. Damit

aber hatte ich kein Glück. Mit einer heftigen Handbewegung riss der Junge die Deichsel zu sich herüber und sagte in seiner schwer verständlichen Mundart, er sei groß genug, den Wagen ohne Hilfe anderer Leute davonzubringen. Er sagte das so unwirsch, dass ich nicht erst widersprach, sondern ihn einfach gewähren ließ. Unterwegs, so dachte ich, würde schon Gelegenheit sein, ihm seine Arbeit zu erleichtern. Zunächst aber hatte mich seine schroffe Abweisung doch so stutzig gemacht, dass es mir nicht gelingen wollte, ein freundlich beschwichtigendes Wort zu sagen. So wurde auch hier geschwiegen, wie vorher von den vielen Menschen im Zuge. Der Schnee kam in heftigen Böen auf uns zu, wir hielten den Kopf gesenkt, und diese Haltung ist für ein Gespräch auch nicht gerade förderlich. Die Straßen waren menschenleer. Wir kamen an langen Ruinenzeilen vorbei. Nur selten wurde ein Licht aus dem Innern eines Hauses sichtbar. Der Weg würde, wie ich wusste, eine gute halbe Stunde in Anspruch nehmen. Die Dunkelheit, die Zerstörung, der Schnee machte jedoch die Orientierung schwierig genug. Nach einer Viertelstunde, während derer kaum ein paar Worte zwischen uns gewechselt worden waren, wurde mir unsicher zumute. Ich hielt an und fragte, mit aller Freundlichkeit und die Hand auf die seinige legend, den Knaben, ob er gewiss sei, dass wir den richtigen Weg eingeschlagen hätten – auch er blieb stehen. Aber statt meine Frage zu beantworten, warf er pötzlich die Deichsel zu Boden, packte den Wagen unten mit beiden Händen und kippte ihn um, sodass mein Koffer auf das Pflaster fiel. Ich bückte mich unwillkürlich, von dem unerwarteten Angriff überrascht; im gleichen Augenblick aber hatte der Knabe die Deichsel wieder ergriffen und lief, den erleichterten Wagen hinter sich herziehend, mit langen Sprüngen davon, ins Dunkle, das ihn schon nach wenigen Schritten meinen Augen entzog. Ich wollte rufen, aber der heftig wehende Wind, der treibende Schnee rissen mir das Wort vom Munde. Ich war allein, wirklich mutterseelenallein. Ein Kind hatte mich geprellt, ein Kind hatte mich in die Irre geführt, ein Kind hatte mein Vertrauen getäuscht.

Ich war tief betroffen. Man weiß ja, wie sehr der Mensch gerade an diesem Tage, der der Erinnerung an die Geburtsstunde in Bethlehem geweiht ist, sich zu Kindern hingezogen fühlt. Unwillkürlich ist man des Glaubens, dass das Geheimnis dieser Stunde bei den Kindern, wenn nicht am besten bewahrt wird, so doch das innigste Verständnis finden müsse, ja dass, wenn wir an diesem Tage Kindern begegnen, noch dazu armen Kindern, es eine Begegnung mit dem ärmsten aller Kinder, eben dem von Bethlehem sein könnte. So groß ist auch heute noch die Macht dieser Erinnerung, dass man eine solche Begegnung für möglich hält, ohne sich darüber Rechenschaft zu geben, wie weit hierbei Phantasie und Wirklichkeit durcheinander gehen.

Nun, in diesem Augenblick war mir freilich auch der letzte Rest von solchen träumerischen Gedanken ausgetrieben worden. Dieser verräterische Knabe hatte wirklich nicht die geringste Ähnlichkeit mit dem Christkind, im Gegenteil, eine solche Handlungsweise am Heiligen Abend wollte mir geradezu wie vom Teufel eingegeben scheinen. Sie erschreckte mich als ein Beispiel dafür, ein allzu krasses, wie weit sich die mit uns lebende Jugend von jeglicher heiligen Erinnerung entfernt hatte. Die Finsternis, in die mir dieses Erlebnis Einblick gab, schien mir dichter und fürchterlicher zu sein als die, von der ich mich in meiner Verlassenheit umgeben sah. Tränen stiegen mir in die Augen vor Schmerz und Unwillen, zugleich aber kam mir merkwürdigerweise ein Wort in die Erinnerung, das ich kürzlich bei Jean Paul gelesen hatte, dem großen Dichter und nicht minder großen Kenner der kindlichen Seele. „Das Heilige in euch wende sich an das Heilige im Kinde", so lautet dieses Wort, das sich in einem Kapitel seiner „Erziehlehre" findet. Ich hatte es mir gemerkt, weil es in bündiger Form eine unwidersprechliche Wahrheit ausdrückt, und diese Wahrheit gewann nun im gleichen Maße Gewalt über mich wie der Unwille über die erlittene Enttäuschung. So lag sekundenlang beides im Ringen miteinander: Zorn und Wahrheit. Ich war unfähig weiterzugehen, ehe es zu einer Entscheidung gekommen war.

Darüber geriet ich, halb unbewusst, in eine Art von Entrückung. Ich empfand nicht etwa Ärger darüber, dass ich jetzt Mühe haben würde, den richtigen Weg zu meinen Angehörigen zu finden, auch nicht darüber, dass ich womöglich mit sehr großer Verspätung und bestimmt nicht mehr rechtzeitig zur häuslichen Feier, zu meinen Verwandten kommen würde, es war mir klar, dass der Junge mich in eine völlig falsche, mir gänzlich fremde Gegend verleitet hatte, die vornehmlich aus Häusertrümmern bestand, zwischen denen hier und da die schwarzen Schattenmassen eines Parkes mehr fühlbar als sichtbar geworden waren. Keine Straßenbahn fuhr hier, kein Licht fiel wegweisend aus erhellten Fenstern. Aber, noch einmal sei es gesagt: es war nicht die seltsame Ausweglosigkeit meiner augenblicklichen Lage, was mich befremdete, es war der Schmerz über die unerwartete, unverständliche Handlungsweise eines Kindes, dem ich von Anfang an ein vielleicht ebenso schwer verständliches Vertrauen entgegengebracht hatte. Enttäuschtes Vertrauen! Wie kann es doch niederschmetternd auf den Menschen wirken! Und dass Kinder in einer so groben und schnöden Weise dazu fähig waren, das ließ mich einen Augenblick wie betäubt auf meinem Platz verharren. Was sollte aus einer Welt werden, in der die Kinder schon so weit heruntergekommen waren, die Kinder, von deren leuchtenden Augen, glücklichem Lachen, lieblichem Glauben sich an diesem Abend auch die zweifelsüchtigsten Erwachsenen gerne für eine Zeit lang anstecken und in eine Art von Kindheitsglück versetzen lassen. Ich glaubte ganz nahe an der Quelle aller Leiden zu sein, die in dieser Zeit auf die Menschheit einstürmten.

Das Heilige im Kinde – ach, wo war es, wenn solches geschehen konnte! Der Wind drang ungestüm auf mich ein, die Kälte biss mir ins Gesicht – es war mir klar, dass ich mich entschließen musste, in irgendeiner Richtung weiterzugehen, auf die Gefahr hin, mich noch weiter zu verirren. Wie lange ich noch verweilte, weiß ich nicht, vielleicht sind es nur zwei bis drei Minuten gewesen. Die Uhr war in der

Finsternis nicht zu erkennen. Aber es gibt ja Augenblicke, die sich ins Endlose dehnen.

Ein solcher Augenblick war jetzt. Das Heilige in dir – ja, so lautete der Anfang jenes Satzes, der mehr und mehr meine Gedanken durchdrang, so wie eine farbige Flüssigkeit, die man ins Wasser gießt und die dieses allmählich verändert. Wo war es denn, das Heilige in mir? Und wie stand es mit meiner Bereitschaft, von da aus die Dunkelheit zu durchdringen, in der sich der geflüchtete Knabe befinden musste? Hatte ich wirklich Ursache, ihn zu tadeln und zu schelten, wo es in mir am Ende gar nicht viel anders aussah? So kehrte der Schmerz, den ich empfand, unversehens seine glühende Spitze gegen mich selber. Es arbeitete mächtig in mir, dann trat eine plötzliche Stille ein, in mir und außer mir, denn auch der Wind schien plötzlich an Kraft einzubüßen, der Schnee fiel ruhiger – ich wollte ein Ende machen, ergriff meinen Koffer und hob ihn auf. Da kam mir erst zum Bewusstsein, woran ich noch gar nicht gedacht hatte: unmöglich konnte ich mir mit dieser Last zumuten, noch lange im Dunkeln umherzuirren. Der Koffer enthielt ziemlich kostbare Werke aus Kunst und Literatur der älteren Zeit. Ihn irgendwo zu verstecken, wagte ich nicht. So stand ich von neuem unschlüssig. Sollte ich warten, bis jemand des Weges kommen würde? Wer weiß, was für Gesindel sich in diesen entlegenen Ruinen herumtreiben mochte. Schließlich kam mir der alsbald als töricht verwiesene Gedanke, der Junge könnte mit einigen Kumpanen zurückkehren, um sich mit Gewalt meines Koffers zu bemächtigen. Von jugendlichen Räuberbanden wurde damals in den Zeitungen berichtet. Meine Ratlosigkeit war groß.

Noch größer aber war meine Überraschung, als aus dem Dunkel plötzlich eine Gestalt auf mich zutrat, und eine Hand mit leisem Druck sich auf meine den Koffer haltende Rechte legte: Eine eigentümlich sanfte, aber feste Stimme sagte: „Geben Sie mir Ihren Koffer." Ich gehorchte, es blieb mir nichts anderes übrig; die Bitte enthielt einen Befehl. Erstaunlicherweise schien der Fremde die Last, die er meinen Händen entwunden hatte, nicht zu spüren. „Kommen sie bitte mit, ich weiß den Weg", mit diesen Worten wandte er sich zum Gehen. Wiederum blieb mir nichts anderes übrig, als zu gehorchen und ihm zu folgen. Ich atmete ja auf, dass Hilfe gekommen war. Zum dritten Mal umfing mich Schweigen, als ich hinter dem Manne herging. Aber ich zweifelte nicht, dass er mich ans Ziel bringen würde. Noch einmal wandte er sich nach mir um und rief durch den wieder anschwellenden Wind: „Erschrecken Sie nicht, wir sind schon an Ort und Stelle." Ich konnte einen Ausruf des Erstaunens nicht unterdrücken – wir standen vor einer Ruine, die zyklopisch durcheinander geworfen dalag, ein unzugänglicher Felsen. Aber der Fremde schien sich hier auszukennen. „Geben Sie mir Ihre Hand", sagte er und führte mich vorsichtig einen Pfad entlang, der nach kurzem Dahintasten auf einen von niedrigen Mauern begrenzten Hof mündete. Vielleicht hatte hier einmal eine Werkstatt gestanden oder eine Garage; ich erkannte zwei breite Fenster, hinter denen ein trübes Licht schimmerte.

Mein Begleiter stieß eine mit Pappe vernagelte Tür auf und hieß mich eintreten. Noch konnte ich im Inneren nichts Gewisses unterscheiden. Ich blieb nach ein paar Schritten stehen und wartete, was nun folgen würde. Ich hörte, wie mein Koffer auf den Boden gestellt wurde, und empfand zunächst nichts anderes als Zufriedenheit darüber, dass ich dem Wind und dem Schnee entronnen war, ein Dach über dem Kopf hatte und in der Nähe eines kleinen Ofens stand, der Wärme ausstrahlte und Licht. Jetzt erkannte ich auch eine Bank, einen niedrigen Tisch und darauf einen Teller mit einem angeschnittenen Brot. Ohne eine Aufforderung abzuwarten, nahm ich Platz auf der Bank. Mein Begleiter machte sich irgendwo im Dunkeln zu schaffen. Nach einer Weile sagte er: „Wenn Sie Hunger haben, nehmen Sie von dem Brot." Und dann, ein wenig zögernd: „Es ist übrigens noch jemand hier – haben Sie es bemerkt?" „Nein", erwiderte ich, und das war mein erstes Wort seit der Begegnung mit dem Fremden. „Aber Sie kennen ihn", sagte er rasch, „dort auf der anderen Seite des Ofens –"

Ich blickte hinüber – wirklich lag dort ein menschliches Wesen auf dem Fußboden in eine Decke gehüllt und schlief. Ich erhob mich, um genauer zu sehen, und erkannte, vielleicht mehr im Geiste als mit den Augen, den Knaben, von dem ich in dieses Abenteuer gestürzt worden war. Wie ein Hündchen zusammengerollt lag er und atmete ruhig. „Wecken Sie ihn nicht", sagte die Stimme, „er ist müde." „Wie alt ist er denn?", fragte ich und fühlte bei dieser Frage, wie in mir wieder der Groll und das Erstaunen aufstieg über die verräterische Tat des Knaben. „Zwölf Jahre", antwortete es aus dem Dunkeln, dann aber wurde die Stimme plötzlich bewegt und leidenschaftlich, es folgte eine längere Rede, die ich ungefähr wiederzugeben versuchen will.

„Wir feiern hier Weihnachten, verstehen Sie, das Kind und ich.

Sind Sie nicht auch gekommen, um Weihnachten zu feiern? Sie werden doch erwartet von Ihren Angehörigen und Sie haben einen ganzen Koffer voll Bücher mitgebracht, einen kostbaren Schatz, Sie werden damit Freude bereiten. Was steht nicht alles in Büchern geschrieben.

Haben Sie nicht vielleicht auch ein Exemplar des Buches darunter, in dem die Geschichte dieses Abends aufgeschrieben ist? Die Menschen sind ja wie verzaubert von dieser Geschichte; sie können sie gar nicht oft genug hören. Man liest sie, man singt sie, man predigt sie, man malt sie, jeder kennt sie. Aber nein, nicht mehr jeder.

Haben Sie einmal darüber nachgedacht, dass es Millionen von Kindern gibt, die die Weihnachtsgeschichte nie gehört haben? Und wenn Sie darüber nachgedacht haben – was haben Sie getan, um die Kinder mit Jesus bekannt zu machen? Mit Jesus, hören Sie? Nicht mit der Puppe in der Krippe, sondern mit dem gewaltigen herrlichen Mann, der Jesus heißt. Leugnen Sie es nicht, auch Sie haben es nicht für unbedingt notwendig gehalten, die Kinder auf die Seite dieses Mannes zu bringen. So wichtig war er Ihnen nicht.

Weihnachten haben Sie gefeiert, wie es sich gehört, alle Jahre mit allem Drum und Dran – aber dass aus dem Kind in der Krippe ein Mann geworden ist, und dass dieser Mann die Kinder geliebt hat, wie sonst niemand in der Welt, das haben Sie nicht weiter ernst genommen. Sie haben ihn, ihn selber nicht ernst genommen, das ist es. Sie sind stehen geblieben bei dem Kind in der Krippe und sind seinen Weg, seinen schweren und gefährlichen Weg nicht mitgegangen. So machen sie's alle! Das Kind in der Krippe lassen sie sich gefallen, aber den Mann am Kreuz verachten sie. So ist es nun schon seit vielen, vielen Jahrzehnten. Was soll daraus werden, wenn Gott nicht mehr an der Wurzel des menschlichen Geschlechtes anfangen kann? Das Herz der Kinder, das leere Herz klagt euch an!

Sie haben sich gewundert, dass der Junge Ihnen den Koffer mit den schönen kostbaren Büchern vor die Füße geworfen hat; Sie waren entsetzt darüber und sind es wohl noch. Er hat Ihr Vertrauen enttäuscht. Es ist heute Heiligabend, dieser Knabe hat keine Eltern, er hat kein Zuhause, seit seinem achten Jahre irrt er umher. Wie ein kleines wildes Tier haust er in diesen Ruinen, scheu und misstrauisch. Er weiß nicht, warum heute Weihnachten gefeiert wird, es interessiert ihn auch nicht. Wie soll er an euer Christkind glauben, wo ihm seine eigene Kindheit, seine kostbare Kindheit zertrampelt worden ist? Er muss Geld verdienen, muss Brot herbeischaffen. Nicht mal heute hat er Ruhe. Sie haben sich nicht denken können, was ihn veranlasste, Ihnen einen Streich zu spielen? Vielleicht wollte er sich an Ihnen rächen für all die schuldlos erlittene Unbill seiner Kinderjahre? Wer weiß – auch Kinder können die Geduld verlieren.

Ich habe ihn aufgelesen vor einigen Wochen und ihn zu mir genommen. Von mir will ich nicht reden. Arm bin ich auch. Aber ich konnte ihn doch nicht so einfach seinem Schicksal überlassen, er ist doch ein Kind! Was für eine Zeit, die das Christkind verherrlicht und ihre eigenen Kinder verkommen lässt."

So sprach es aus dem Dunkel; ich hörte schweigend zu. Meine Augen hatten sich an die ungewisse Finsternis gewöhnt. Sie hefteten sich endlich an einen Gegenstand in der Mitte des Raumes, ein Gestell, roh aus Holz gezimmert. Es war eine Krippe. Vielleicht war unser Asyl einmal ein Stall gewesen; ein Fuhrgeschäft mochte hier in Betrieb gewesen sein. Die Pferde waren fort, die Krippe war geblieben.

Nach einer kleinen Pause sagte die Stimme: „Die stand sonst in der Ecke; heute habe ich sie hervorgeholt. Sonst haben wir nichts, was an Weihnachten erinnert. Die Krippe war da, aber sie ist leer. Und so ist es richtig. Das Kind hat hier nichts zu suchen. Es gehört nicht in die heutige Welt. Wo so viel Kinder leiden, haben wir kein Recht, ein göttliches Kind anzubeten. Es wäre Götzendienst. Es wäre ein Spiel mit dem Heiligen. Wir haben die Welt bis auf den Grund verdorben. So sehr, dass nicht einmal die Kinder geschont wurden. Unzählige von ihnen gehen unter in Hunger und Elend. Kann man da mit gutem Gewissen vom Christkind singen? Und doch tun sie's. Mein Christkind liegt dort neben dem Ofen. Jesus, der Mann, hat gesagt: Wer ein Kind aufnimmt in meinem Namen, der nimmt mich auf. Sehen Sie, dort liegt Jesus."

Jetzt wurde mir klar, warum ich so unruhig gewesen war beim Eintritt in die Stadt, und warum ich nicht loskommen konnte von dem fremden Knaben. Dennoch hatte ich falsch gedacht. Ich war empört gewesen über seinen schändlichen Verrat, aber ich hatte nicht bedacht, dass ich ihn schon vorher verraten hatte. Wenn Kinder leiden, sind die Großen schuld. Was tun wir, diese Schuld zu sühnen?

In meiner Manteltasche hatte ich ein Päckchen mit Lichtern stecken. Ich holte es jetzt hervor und zündete eine Kerze an der Ofenflamme an. Sie gab einen ruhigen Schein, und ich sah nun meinen Begleiter und Retter auf einer Kiste sitzen, barhäuptig, die Hände in den Schoß verschränkt. Der Raum war mit allerlei Werkzeug, Brettern und Gerümpel vollgestellt. Das einzige, was an Weihnachten erinnerte, war wirklich die Krippe. Sie hatte in ihrer rohen Beschaffenheit etwas Erschreckendes an sich.

Armes Kind, das in solchem Bette sich ins Leben hineinschlief! Aber sie war leer. Das Kind lag ein paar Schritt von mir entfernt neben dem Ofen. Ich blickte hinüber – es war aufgewacht und rieb sich die Augen; blaue Augen, in denen sich das Licht spiegelte. Jetzt konnte ich nachholen, was ich versäumt hatte. Ich wollte reden, aber da kam der Knabe mir zuvor, nicht mit Worten, sondern mit Tränen. Er weinte. Fast lautlos weinte er vor sich hin, mit zuckenden Schultern. Es schnitt mir durchs Herz. Was für eine Weihnacht! dachte ich, und es kam mir ein Vers aus dem alten Kinderlied in den Sinn: „Da liegt es, ihr Kinder, auf Heu und auf Stroh, Maria und Joseph betrachten es froh." Aber hier war weder Maria noch Joseph. Seinen Eltern war der Knabe entrissen, oder sie ihm, und er lag im Stall und wusste nichts von Weihnachten. Es sei denn, dass sein Beschützer ihm doch davon erzählt hatte. Was die Krippe bedeutete, das würde er ihm ja nicht vorenthalten haben. Engel und Hirten fehlten. Priester und Prediger waren ausgeblieben. Aber ein armer Mensch, dem es Jesus angetan hatte, wachte über dem verlorenen Kinde. Was sollte ich tun? Wie sollte ich die Tränen des Kindes stillen? Aber hatte ich nicht meine Bücher? Ich ging zum Koffer, öffnete ihn und holte einen Band mit alten Bildern hervor. Ich wusste, es waren auch Weihnachtsbilder darunter. Ich ergriff die Kerze und stellte sie auf die Bank, sodass ihr Schein auf die Lagerstätte des Knaben fiel. Dann schlug ich das Buch auf und legte es ihm in den Schoß. Er fuhr empor und fasste es mit beiden Händen an. „Es ist Weihnachten", sagte ich, „und ich habe dir etwas mitgebracht." Er weinte nicht mehr. Mit großen Augen sah er auf ein farbiges Blatt, es mochte von Altdorfer oder Dürer sein. Dann sah er mich fragend an. Ich wollte es ihm erklären und wusste doch nicht wie. Schließlich aber fasste ich mir ein Herz und sagte: „Hier siehst du das Christkind!" Da glitt ein kleines schüchternes Lächeln über die hageren Züge des Knaben, und ich fuhr fort: „Heute Nacht vor vielen, vielen Jahren ist es geboren, in einer Krippe, wie sie hier steht. Weißt du auch, wie es heißt?"

Er sah vom Blatte auf und schien einen Augenblick nachzudenken. Dann blickte er zu seinem Beschützer hinüber und sagte leise: „Jesus."

Der Name war gefallen; ich hatte ihn in meinem ganzen Leben noch nicht so gehört. Mir war es, als hätte auch ich ihn zum ersten Male gehört ...

Es waren nur noch wenige Minuten bis zu der Wohnung meiner Angehörigen; ich brachte den Koffer mit und das Kind. Seinen Beschützer habe ich nie wieder gesehen. Als ich am anderen Tage den Stall mit der Krippe aufsuchte, war niemand mehr anwesend. Es kam mir vor, als hätte ich alles geträumt. Aber ich sah den Knaben und wusste, es war kein Traum gewesen.

Dies ist der Tag

Christian Fürchtegott Gellert

Dies ist der Tag, den Gott gemacht,
sein werd in aller Welt gedacht,
ihn preise, was durch Jesum Christ
im Himmel und auf Erden ist.

Die Völker haben dem geharrt,
bis dass die Zeit erfüllet ward;
da sandte Gott von seinem Thron
das Heil der Welt, dich, seinen Sohn.

Wenn ich dies Wunder fassen will,
so steht mein Geist vor Ehrfurcht still;
er betet an und er ermisst,
dass Gottes Lieb unendlich ist.

Damit der Sünder Gnad erhält,
erniedrigst du dich, Herr der Welt,
nimmst selbst an unsrer Menschheit teil,
erscheinst im Fleisch und wirst uns Heil.

Dein König, Zion, kommt zu dir.
„Ich komm, im Buche steht von mir;
Gott, deinen Willen tu ich gern."
Gelobt sei, der da kommt im Herrn!

Herr, der du Mensch geboren wirst,
Immanuel und Friedefürst,
auf den die Väter hoffend sahn,
dich, Gott Messias, bet ich an.

Du, unser Heil und höchstes Gut,
vereinest dich mit Fleisch und Blut
wirst unser Freund und Bruder hier,
und Gottes Kinder werden wir.

Durch Eines Sünde fiel die Welt,
ein Mittler ists, der sie erhält.
Was zagt der Mensch, wenn der ihn schützt,
der in des Vaters Schoße sitzt?

Jauchzt, Himmel, die ihr ihn erfuhrt,
den Tag der heiligsten Geburt;
und Erde, die ihn heute sieht,
sing ihm, dem Herrn, ein neues Lied!

Dies ist der Tag, den Gott gemacht,
sein werd in aller Welt gedacht;
ihn preise, was durch Jesum Christ
im Himmel und auf Erden ist.

Vom Weihnachtsberg,
der Menschen verändert

Heidi Kaiser

Längst hatte der Wind die mächtigen Linden vor unserer Häuserzeile entlaubt. Zitternd streckten sie ihre kahlen Zweige gegen den schon früh dämmernden Dezemberhimmel, während drinnen in den Häusern die Lichter angingen, Kerzen Wärme verbreiteten, liebliche Düfte die Nasen kitzelten und die Menschen in eine Geschäftigkeit verfielen, die selbst Träge mitriss. Da wurde gebacken, genäht und gestrickt, gebastelt und – in unserer Familie besonders ausgeprägt – gemalt, gedichtet und komponiert. Die Wangen glühten, die Stimmen tuschelten, deuteten Geheimnisse und Überraschungen an.

Dieser ahnungsvollen, vorweihnachtlichen Stimmung konnte sich niemand entziehen. Wie jedes Kind fieberte auch ich dem Fest entgegen, dessen Kommen sich durch einige untrügliche Vorboten ankündigte:

Da war das abendliche gemeinsame Singen im Halbdunkel. Meine Mutter saß am Klavier. Wir vier Geschwister reihten uns im Halbkreis darum herum und sangen zwei- bis dreistimmig die alten Weihnachtsweisen, während mein Vater sich im Hintergrund hielt und zuhörte. Dann kam das regelmäßige Verschwinden meines Teddies. Am Heiligen Abend saß Piddl mit neuer Mütze, Anzug und Schal auf dem Geschenketisch und streckte die Arme nach mir aus, während seine braunen Knopfaugen mir schelmisch entgegenglitzerten. Dann kam der Tag, an dem der riesige Weihnachtsbaum geliefert wurde, der vom Boden bis zur Decke reichte und dessen Anblick das Wohnzimmer in einen Prunkraum verwandelte. Wir durften den Baum nicht schmücken. Er gehörte zu den weihnachtlichen Geheimnissen, mit denen unsere Eltern uns überraschen wollten. Und dann kamen die Vorbereitungen für den Weihnachtsberg.

Der Weihnachtsberg! Er gehörte zu den generationenumgreifenden Traditionen in unserer Familie, vom Vater auf den Sohn vererbt, sächsisch-erzgebirgischer Herkunft. Ohne ihn war Weihnachten nicht vorstellbar. Für seinen Aufbau musste mein Vater mehrere Abende einplanen. Nachdem er die Kisten mit den Figuren und die schweren Hanfsäcke vom Boden geholt und ins Wohnzimmer getragen hatte, war dieses für uns Kinder versperrt. Nun entstand ohne neugierige Kinderaugen der Berg, der die Fläche des geräumigen Schreibtisches ausfüllte und sich an den Wänden noch einen bis eineinhalb Meter emporzog. Wurzelstöcke, mit frischem Moos belegt, formten eine bizarre Bergwelt mit aufragenden Spitzen, breiten Mulden, schmalen Tälern. Unzählige handgeschnitzte Schafe weideten auf saftigen Almwiesen, bewacht von Hirten mit ihren Hunden. Eine markante Wurzel mit der Form einer Höhle bildete den Stall. Dort drinnen bliesen Ochs und Esel ihren Atem über das Kind in der Krippe, während Maria und Joseph sich darüber beugten. Der Zug der Könige näherte sich dem Stall. Ein Engel wies mit ausgestrecktem Arm den Fremden den Weg. Diese bunte Miniaturlandschaft schien zu leben, besonders, wenn man die Augen in Höhe der Schreibtischfläche hielt, was uns Kindern leicht fiel, manchem älteren Menschen mit steifem Rückgrat ein Stöhnen entlockte. Der besondere Reiz des Berges lag in seiner wunderbaren Verwandlung von Jahr zu Jahr, die mein Vater mit Geschick und Phantasie vollbrachte. Einmal bildete der Stall den Endpunkt eines breiten Tales; ein anderes Mal lag er auf einer Anhöhe; manchmal bot der Berg einen wilden, mit tiefen Schluchten und hohen Pässen versehenen Anblick; dann wieder dehnten sich liebliche Hügel mit breiten Lehnen aus.

Die Betrachtung des Weihnachtsberges zu den Worten des Lukasevangeliums, das mein Vater vorlas, war der Höhepunkt unseres Festes. Selbst die Vorfreude auf die in der Nachkriegszeit bescheidenen Geschenke wurde durch den Anblick des Berges zurückgedrängt. Wir standen davor und staunten und schauten, und wie in jedem Jahr erschloss sich uns die Weihnachtsgeschichte auf anschauliche Weise neu. Anschließend kommentierte mein Vater sein Kunstwerk mit Humor und theologischen Spitzfindigkeiten: warum z. B. sich ein neugieriges Schäfchen auf einem unzugänglichen Gebiet verstiegen hatte; worüber der Hirte mit der roten Joppe (mein Lieblingshirte), den Kopf in die Hand gestützt, grübelte; warum der Hirte mit dem Backenbart noch schlief ... Diesen eigenwilligen Interpretationen wurde von uns Kindern oft heftig widersprochen. Wir wollten unsere eigenen Vorstellungen an den Berg herantragen. Und er ertrug geduldig die unterschiedlichsten Deutungsversuche.

Unser Weihnachtsberg überlebte die Wirren der Geschichte: Er wurde im Deutsch-Französischen Krieg aufgebaut. Er stand in beiden Weltkriegen. Auch, als die Familie in Notzeiten fast erfror, wagte niemand, die Wurzelstücke zu verheizen. Der Weihnachtsberg war unantastbar.

Ich bin in Leipzig aufgewachsen. Es mag Weihnachten 1953 gewesen sein, als sich die Existenz des Berges als rettend erwies: Die Zeiten waren noch hart drüben, und Heizmaterial war Mangelware. (Wir Kinder kamen dadurch in den Genuss von schulfreien Tagen, da die Schulen in strengen Wintern nicht mehr geheizt werden konnten.) Über freundschaftliche Beziehungen hatten meine Eltern kurz vor Weihnachten eine Ladung Koks erhalten. Koks zu besitzen, war jedoch streng verboten, und „Zuwiderhandlungen wurden geahndet", wie es zur Abschreckung in den Zeitungen hieß.

Unser Ortspolizist wohnte im Nebenhaus. Wir Kinder nannten ihn Ossikopp, wohl eine Verballhornung seines richtigen Namens, den wir nicht kannten. Ossikopp war ebenso einfältig wie pflicht- und befehlsgetreu, von daher gefährlich. Ihm musste etwas von der Kokslieferung zu Ohren gekommen sein. In Ausübung seines Spitzelamtes, das „Staatsschädlinge" entlarven sollte, stand er ausgerechnet am Morgen des Heiligen Abends vor der Wohnungstür und klingelte energisch. Meine Mutter öffnete ihm. Ossikopp forderte eine Durchsuchung der gesamten Wohnung. Er war entschlossen, nicht eher zu gehen, bis er den Koks beschlagnahmt hätte. Meine Mutter war in Eile. Was musste nicht noch alles bis zum Mittag erledigt werden! Ihre Hände rochen nach Zwiebeln, die sie für den Kartoffelsalat schnitt, den es an jedem 24. Dezember gab. Ihre Augen tränten von der Zwiebelschärfe. Ossikopp schien das nicht zu beeindrucken. Trotz der bedrohlichen Situation bewahrte meine Mutter ihre Ruhe. Sie lud Ossikopp, weil er doch so verfroren wirkte, zunächst zu einer Tasse Kaffee ein. Ossikopp konnte nicht widerstehen, denn auch Kaffee gehörte zu den raren Dingen, die aber das Leben so angenehm machten. So ließ er sich nicht ungern ins Wohnzimmer führen. Wir Kinder drückten uns in die Küche und warteten ängstlich auf die kommenden Ereignisse.

Auf dem Küchenbalkon lagerte, unter Kissen versteckt, der Koks, der ein gemütlich-warmes Wohnzimmer garantieren würde.

Im Wohnzimmer war der Weihnachtsberg bereits aufgebaut. Eine kalte Wintersonne stahl sich durch die Eisblumen am Fenster und schien auf eine herrliche Weidelandschaft vor einer grandiosen Bergkulisse. Ossikopp stutzte – so berichtete meine Mutter später –, trank aber zunächst den dampfenden Kaffee, der ihn wohlig erwärmte.

Meiner Mutter entging nicht, dass er immer wieder hinüber zum Berg schielte. In seiner versteckten Neugier sah sie ihre Chance. Nach einem belanglosen Gespräch führte sie den inzwischen zugänglich gewordenen Polizisten zum Berg. Wie ein Kind stand er staunend davor, schien aber nicht zu wissen, was dort dargestellt war. (Ossikopp war eingefleischter Kommunist und Atheist.)

Und meine Mutter begann, die Weihnachtsgeschichte zu erzählen, in schlichten Worten, so wie sie sie uns Kindern erzählt hatte; die alte Geschichte von Maria und Joseph und der Geburt des Kindes. Ossikopp verfolgte die Erzählung und suchte im Weihnachtsberg die entsprechenden Szenen: Dort hinten ist die Höhle, in der Maria und Joseph Unterschlupf gefunden haben. Das Kind liegt in einer Futterkrippe. Dort drüben hören die Hirten die frohe Botschaft, denn das Kind ist der lang erwartete Retter der bedrückten und verängstigten Menschen. Ossikopp entdeckte den Hirten, der seine Hand an sein Ohr legt, um der guten Nachricht besser lauschen zu können. Schon eilen andere Hirten mit frohen Gesichtern zur Höhle. Von rechts nähern sich gemessenen Schrittes die Könige mit schwer beladenen Kamelen. Auch sie wollen dem großen, kleinen Kind die Ehre erweisen ... Ossikopp stand da, lauschte und schaute, nahm jede Figur in Augenschein, stellte sich auf die Zehenspitzen, bückte sich, um jede Einzelheit zu erkennen – und vergaß den Grund seines Kommens.

Später ließ er sich bereitwillig von meiner Mutter zur Wohnungstür geleiten. Dort verabschiedete meine Mutter den sichtlich verwirrten und von der wunderbaren Geschichte, die er gehört hatte, überwältigten Ossikopp freundlich. Sie wünschte ihm gesegnete Weihnachten und schloss mit einem tiefen Atemzug sacht hinter ihm die Tür.

Unentdeckt lagerte der Koks auf dem Küchenbalkon.

Ossikopp ist nie wieder zu einer Wohnungsdurchsuchung gekommen, obwohl es Gründe dafür gegeben hätte. Von diesem Tag an grüßte er meine Mutter mit Hochachtung und Respekt.

Wir aber standen am Abend dankbar vor dem Weihnachtsberg, der einen unnachgiebigen Polizisten verwandelt hatte.

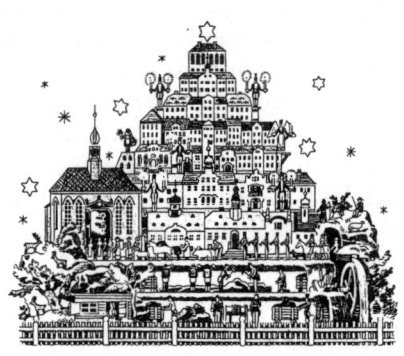

„Na dann gute Nacht!"

Dieter Zimmer

Thomas lugte durchs Schlüsselloch und sah mit einem Blick, dass neben dem Weihnachtsbaum Onkel Wolfgangs alter Kaufladen stand. Als das Glöckchen läutete, trat er erwartungsvoll in den Schein der Kerzen und verharrte einen gebührenden Augenblick. Dann eilte er zu seinen Geschenken. Neben dem Kaufladen lagen drei Karl-May-Bände: „Trapper Geierschnabel", „Der blaurote Methusalem" und „Der Wurzelsepp". Er hatte sie schon mehrfach gelesen. Das erste Blatt war jeweils herausgetrennt, aber Thomas wusste, was mit steiler Tintenschrift daraufgestanden hatte: „Dieses Buch gehört Wolfgang Ebert, und wer es stiehlt, der fürchte um seinen Skalp!" Daneben war eine blutrünstige Zeichnung zu sehen gewesen, teilweise in roter Tinte. Auch einen Ergänzungssatz zu seinem Stabilbaukasten fand Thomas vor. Die Teile waren aus grauem Metall und leicht zu verbiegen. Keine Vorkriegsware, dachte er. Dann überreichte er die Geschenke, die er selbst gebastelt hatte. Er hatte wieder für jeden einen Papierkorb gemacht, aus Pappe und Stoffresten geklebt. Voriges Jahr hatten sich alle sehr über diese Idee gefreut, sodass Thomas die Überraschung in diesem Jahr hatte wiederholen wollen. Onkel Wolfgang war auch freudig überrascht, aber die anderen reagierten eher zurückhaltend. „Da kann ich ja bald ein Papierkorb-Museum aufmachen", meinte die Oma.

„Jetzt fehlt uns bloß noch einer für den Keller", meinte die Mutter.

„Also, mit einem Papierkorb hätte ich wirklich am allerwenigsten gerechnet", meinte der Vater.

Die Kerzen wurden wieder gelöscht, damit sie auch noch am ersten und zweiten Feiertag brennen konnten, und der Heringssalat kam auf den Tisch. Dies war eine alte Familientradition, die in neuerer Zeit Jahr für Jahr durch die Versorgungslage in Frage gestellt wurde. Thomas war stolz, dass diesmal er im HO die Heringe organisiert hatte, durch einen Tipp von Bärbel. Nach dem Essen sangen sie Weihnachtslieder, Thomas begleitete am Klavier. Er spielte „Stille Nacht" und „Es ist ein Ros entsprungen" und „Vom Himmel hoch, da komm ich her". Er spielte jeweils alle Strophen und bemerkte mit Vergnügen, dass niemand den ganzen Text kannte. Spätestens bei der zweiten Strophe hörte er hinter und neben sich ein zaghaftes „La-la-la". Er dachte an die Thomaner und ihren herrlichen Gesang. Denn er war nachmittags zur Christmette in der Thomaskirche gewesen, in „seiner" Kirche.

Um drei hatte er sich mit den Großeltern an der Straßenbahnhaltestelle getroffen. Obwohl die Christmette erst viel später beginnen sollte, war die Kirche schon fast voll gewesen. Mit Mühe hatten sie zwei Plätze bekommen, und Thomas hatte sich daneben auf eine Stufe gesetzt.

„Warum ist es denn so voll hier?", wollte Thomas wissen, der nur den schlecht besuchten Kindergottesdienst in der Gohliser Friedenskirche kannte.

Der Großvater erklärte: „Es ist so, dass die Kommunisten volle Kirchen nicht sehr gern sehen. Und deshalb kommen wenigstens am Heiligen Abend so viele hierher. Das ist eine Art von Protest, die nicht unter Strafe steht. Noch nicht jedenfalls." Thomas verstand.

Je mehr Menschen kamen, desto wärmer wurde es in der anfänglich kalten Kirche. Der Pfarrer sprach davon, dass die Gemeinde des Heilands lebendig bleibe, auch in einer zunehmend unchristlichen Welt, und Thomas war sich sicher, dass dies politisch zu verstehen sei.

Die Thomaner sangen noch schöner als damals bei der Motette. Aber das mochte auch nur so scheinen und an der Stimmung liegen, an dem großen Weihnachtsbaum und der herrlichen Krippe darunter.

Später am Abend spielte Thomas mit seinem Kaufladen.

„Du hast übrigens Glück", bemerkte Onkel Wolfgang, „dass wir deinen Wunschzettel nicht wörtlich genommen haben. Du hast nämlich bei ,Kaufladen' das erste ,a' vergessen." Alle lachten, und Thomas ärgerte sich ein bisschen.

Er lud seine Familie zum Einkaufen ein, und als erster trat der Vater vor den Laden.

„Ich hätte gern zwei Flaschen Moselwein."

„Wieso denn das?"

„Was heißt hier ‚wieso', mein Herr? Ich möchte gern bei Ihnen zwei Flaschen Moselwein kaufen."

„Aber du weißt doch ... Ich meine: Sie wissen doch, mein Herr, dass wir so was nicht führen."

„Dann bitte eine Flasche Cognac."

„Konnjack? Was is'n das nu wieder?"

„Ja, sagen Sie mal, was ist denn das hier für ein merkwürdiger Laden, wo man weder Moselwein noch Cognac kennt?"

„Das is'n ganz normales HO."

„Ach so! Na dann gute Nacht!"

Als nächste kam die Mutter: „Kriegen Sie diese Woche vielleicht Butter rein?"

„Das kann man nie wissen."

„Könnten Sie mir vielleicht welche zurücklegen, wenn Sie welche reinkriegen?"

„Das kommt drauf an."

„Worauf denn?"

„Also, wenn Sie mir irgendwo ein Paket Nägel organisieren könnten, dann könnte ich mit der Butter schon was machen."

Der Vater klatschte Beifall: „Du hast ja unser neues Wirtschaftssystem schon begriffen."

Aber Thomas war verärgert: „Könnt ihr nicht mal was verlangen, was ich auch habe? Das ist doch hier bloß 'n HO."

Die Oma trat vor den Laden und blickte prüfend über die Auslagen. Mit dem Kaufladen hatten einige bunte Schächtelchen und Fläschchen den Krieg überlebt: Persil und Henko, Hoffmanns Stärke und Ata, Dr. Oetkers Vanillepudding, Quieta-Malzkaffee und Ettaler Klosterlikör. In den Schubfächern waren Zucker und Salz, Mehl und Grieß, Haferflocken und Graupen.

„Haben Sie vielleicht ein Paket Persil?", fragte die Oma.

„Selbstverständlich, meine Dame."

„Und etwas Dr. Oetkers Vanillepudding?"

„Aber mit dem größten Vergnügen! Bitte recht schön!"

„Und was haben Sie sonst noch grade da?"

Man merkte, dass die Oma oft im HO einkaufte. Thomas zählte sein bescheidenes Sortiment auf, und die Oma verlangte noch eine Tüte Mehl.

„Leider habe ich kein weißes", bedauerte Thomas. „Und Sie müssen es natürlich durchsieben, wegen der Würmer."

Jetzt war alles richtig echt, jetzt machte ihm das Verkaufen Spaß. Aber da fragte die Oma: „Sie haben nicht zufällig ein paar Apfelsinen da?"

Thomas starrte wütend in die Runde: „Mit euch ist das ein ganz beschissenes Spiel!", schimpfte er. „Ihr tut ja alle, als wenn ihr noch nie im HO gewesen wärt. Ihr könnt euren blöden Kaufladen wieder auf dem Boden verstauen!"

Thomas war richtig sauer. Obwohl ihm ein halbes Glas Bier versprochen wurde, ging er vor seiner Zeit ins Bett und ließ sich am nächsten Tag auch nicht beim Mittagessen sehen.

Zum Nachmittagskaffee legte die Oma die selbst bestickte Weihnachtsdecke auf und deckte mit zwölf Sammeltassen. Das tat sie ungern, wenn Kinder mit bei Tisch sitzen sollten, aber diesmal ging es nicht anders. Das Kaffeeservice für alle Tage hatte nur noch zehn Tassen, neun Kuchenteller und sieben Untertassen. „Früher konnte man so was ja nachkaufen", pflegte die Oma zu sagen. „Früher" war überhaupt ihr Lieblingswort, „früher" und die „besseren Zeiten".

Thomas hatte einmal den Vater danach gefragt, aber zur Antwort bekommen, dies könne man einem Kind kaum erklären: „Ihr Kinder habt es eigentlich gut", hatte er gesagt, „ihr kennt keine besseren Zeiten und könnt deshalb auch mit der neuen Zeit nicht unzufrieden sein."

Zum Nachmittagskaffee gab es Stollen, der „fast wie früher" war, wie die Oma meinte. Tante Grete aus Kassel hatte wieder beizeiten die nötigen Zutaten geschickt: weißes Mehl, das es hier so gut wie nie gab; Mandeln, Zitronat und Rosinen, die ungefähr so häufig zu finden waren wie Einsen in Thomas' Aufsatzheft; Butter und Puderzucker, die man beizeiten horten musste, wenn man aufs HO angewiesen war.

Die Oma hatte ungefähr drei Wochen vor dem Fest alles zum Bäckermeister Ehrlich gebracht, der – wie sie sagte – nicht nur so hieß, sondern tatsächlich von den raren Dingen nichts für sich selbst abzweigte. Er gehörte auch nicht zu den Bäckern, die kürzlich in der Volkszeitung gerügt worden waren, weil sie Hefe horteten und zu Schwarzmarktpreisen unter dem Ladentisch anboten. „Verbrecherisches Treiben" hatte es die Volkszeitung genannt.

Herr Ehrlich hatte den Teig gerührt und die Stollen in den Ofen geschoben, und zur ausgemachten Stunde war die Oma mit Buttertopf und Puderzuckerdose in die Backstube gegangen, um – wie die anderen Frauen aus dem Viertel – ihre Stollen zu bepinseln und zu bestäuben. Das war alte Leipziger Tradition.

Zum Kaffee kamen die Großeltern, und auch Oma Lehmann war dazu gebeten, die sonst nur selten aus ihrem Stübchen herauskam. Außerdem kamen Onkel Manfred und Tante Klara mit Doris und Ria, den Zwillingen. Sie waren etwas älter als Thomas und brachten immer ihre Puppen mit. Thomas konnte nichts mit seinen Cousinen anfangen und verwechselte sie obendrein immer. Die Mädchen zogen sich nach dem Kaffeetrinken zurück, während Thomas bei den Erwachsenen sitzen blieb.

Onkel Manfred steckte sich eine West-Zigarette an, schaute nachdenklich dem Rauch nach und gab sich einen Ruck: „Irgendwann muss ich es euch ja sowieso sagen: Klara und ich haben uns entschlossen, in den Westen zu gehen."

Es war lange still, und man hörte im Nebenzimmer die Zwillinge kichern.

„Und was soll aus der Firma werden?", fragte die Oma, „du hast doch da alles in der Hand."

„Ja, was soll schon daraus werden", meinte Onkel Manfred, „was eben eines Tages aus allen Firmen hier wird: ein Volkseigener Betrieb, ein VEB."

„Sag nicht solche Sachen!", fuhr ihn die Oma an.

Aber Onkel Manfred antwortete ungerührt: „Ob ich das sage oder nicht, hat damit nichts zu tun. Es wird so kommen. Du weißt ja nicht, welche Kopfstände ich tagtäglich mache, damit der Laden überhaupt so weiterläuft wie bisher. Ich kenne ja zum Glück ein paar wichtige Leute von früher her, und alle haben sie ja nicht auswechseln können. Aber lange können die uns auch nicht mehr helfen."

„Man muss es doch wenigstens so lange versuchen, wie es geht", wandte die Oma ein, „das sind wir doch unserem Opa schuldig. Und vielleicht kommt ja bald die Wiedervereinigung."

„Was für'n Ding?", fragte Onkel Manfred fast ein bisschen ärgerlich. „Du hörst wohl zu viel RIAS? Du glaubst doch nicht, dass der Russe einen Zentimeter Boden wieder preisgibt, nachdem seine Soldaten so dafür geblutet haben."

Die Oma hatte jetzt Tränen in den Augen und wischte mit der Serviette darüber.

„Also, ich will euch was sagen", erklärte Onkel Manfred und drückte seine Zigarette aus: „Ich habe die Firma nach dem Krieg buchstäblich freigeschaufelt, zusammen mit den paar Mitarbeitern, die auch den Krieg überlebt hatten. Und bis heute haben wir knapp leben können von dem, was wir als so genannte Kapitalisten aus dem eigenen Laden entnehmen durften. Aber es kann jeden Tag passieren, dass dieser Laden in konsequent sozialistisches Eigentum überführt wird, wie das offiziell genannt wird. Dann sitzen wir alle auf der Straße: Anne und Wolfgang und ich. Darauf will ich nicht warten. Zumal man drüben im Westen jetzt noch was auf die Beine stellen kann, wenn man ein bisschen clever ist. Bald ist dort auch wirtschaftlich alles in festen Händen."

„Nun gut", sagte Onkel Wolfgang und schaute die Mutter an, „dann werden wir zwei beiden das Unternehmen so lange in Gang halten, wie man uns noch lässt."

„Und eines Tages treffen wir uns drüben alle wieder", fügte Onkel Manfred hinzu. Und zum Vater: „Wie ich dich kenne, mein lieber Schwager, wirst du es auch nicht mehr lange hier aushalten. Du kannst doch mit deinen Beziehungen drüben leicht wieder in deine alte Branche einsteigen. Wein und Spirituosen fließen immer."

Thomas hatte stumm und staunend zugehört. Jetzt fragte er: „Nehmt ihr euer Meerschweinchen mit in den Westen?"

„Du bist ja auch noch da!", sagte Onkel Manfred. „Du darfst aber keinem ein Wort darüber sagen, was hier geredet wurde."

„Ich bin doch nicht doof. Und was ist mit dem Meerschweinchen?"

„Den Max kannst du haben, sobald wir verschwinden."

Die Großeltern hatten auch die ganze Zeit über nichts gesagt. Jetzt schaute die Großmutter Thomas nachdenklich an: „Mal sehen, wie lange wir dich noch bei uns haben."

„Ich mache nicht weg!", sagte Thomas.

Heilig-Obnd-Lied

Heit is dr Heilge Obnd, ihr Maad,
kummt rei, mer gießen Blei!
Fritz, laaf geschwind zer Hannelies,
se soll bezeiten rei.
Trara tirallala, traratirallala,
trallala tirallala, tirallalalala.

Ich ho menn Lächter agezündt,
satt nauf, ihr Maad, die Pracht!
Do drübn bei eich is's racht fei,
ihr hau e Sau geschlacht.

Satt a, ihr Maad, dos rare Licht
fer zweeazwanzig Pfeng,
ich muss meins in e Tippel stelln,
mei Lächter is ze eng.

Kar, zünd e Weihrauchkarzel a,
doß's nooch Weihnachten riecht,
un stell's hi of dan Scherbel dort,
daar unterm Ufen liegt.

Lott, dort'n of dr Hühnersteig,
do liegt menn Lob sei Blei;
Mad, rafel när net su dort rüm,
sist werd dr Krienerts schei.

Mer habn aah sachzn Butterstolln,
su lang wie de Ufenbank;
heit werd emol gefrassen waarn,
mir waarn noch alle krank.

Mer habn aah Neinerlaa gekocht,
aah Worscht mit Sauerkraut,
mei Mutter hot sich ogeplogt,
die alte gute Haut.

Rik, brock de Sammelmillich ei,
nasch ober net dervu.
Ihr Gunge, warft kenn Raschpel ro
ins Heilig-Obnd-Struh!

Dr Sauerkraut- und Weihraachduft
durchzieht is ganze Haus,
dos is e rächte Weihnachtsluft,
 ben Heilig-Obnd-Schmaus.

Un habn mer kaane Linsen kocht,
faahlt's ganze Gahr an Gald,
drum kochen mer enn grußen Topp,
doß's nimmermeh dra faahlt.

Dr Haarig is de Hauptsach fei
vun daare Kocherei,
un waar net Haarig assen ka,
daar muss net richtig sei.

Ne Heilig Obnd ze Mitternacht,
do läft statt Wasser Wei,
un waar sich do net färchten tut,
hult mir een Topp voll rei.

Nu is dr Heil'ge Obnd ihr Leit,
heit sei mer alle fruh.
Su strei mer in de Stöbn nei
e ganz Gebinnel Struh.

Im Arzgebirg is wahrlich schie,
wenn's draußen störmt und schneit,
un wenn de Peramett sich dreht
is un're schönnste Zeit!

Weihnachten im Erzgebirge

Friedrich Emil Krauß

„Feierohmd", sagte Meister Voigt. Ein merkwürdiger
Feierabend: er setzte einen alten Hut auf, krempelte die
Ärmel hoch und wendete die Werkstatt beinahe um. Er
musterte die Hölzer; die „halbschierigen" kamen in die
Schupp, die schlechten Brocken in die Kiste zum Feuer-
holz. Der Nagelnapf wurde umgekippt, ausgeblasen und
alles das weggeworfen, was im Laufe des Jahres zu Un-
recht hineingeraten war. Er sortierte die breite Rinne in
der Hobelbank leer, die Schneiden der Stemmeisen wurden
am Saunabel eingefettet, im großen Hobel ließ er das Eisen
nach und nahm dem Seil der Handsäge die Spannung. „Itze
ham mersch", sagte der Meister, schwenkte mit seinem
Schnupftuch den Staub von den Fensterkreuzen, hängte
den alten Hut an den Nagel, band die Schürze ab und ging in
die Stube.

Dort hatte meine Großmutter mit ihren Maaden „raane-
viert", als müsse man das Mannsvolk weit übertreffen. Der
Alte hatte es immer noch beim Trocknen bewenden lassen,
die Frauensleute aber ließen keine Ecke unbenetzt. Jeder
Schub wurde nass abgerieben und bekam neues, gezacktes
Papier. Die Tischplatte und der Fußboden wurden abge-
wurzelt wie eben nur einmal im Jahr. Die Bretter verloren
nach und nach ein wenig die Glätte, wurden schwielig und
rissig, aber auch immer heller, mit einem Schein ins Silbri-
ge. Es gab Kartoffeln und „Eitunk"; bald gingen die müden
Voigte zu Bett und dachten, auch wenn sie nicht davon
sprachen, an den morgigen Abend. „Minna, Anna, när's
beste Struh!", sagte Meister Voigt am nächsten Morgen,
prüfte streng und ließ jede Schütte durch seine Hand gehen, „weil's fürs Bornkinnel ist". Drum breiteten sie ihr
schönstes Haferstroh auf den hellen Dielenbrettern aus
und warteten andächtig auf den Abend. Am Abend brannte der große Leuchter mit allen seinen messingnen Lämp-

chen. Darunter saß die ganze Familie: die Klöße dampften. Neunerlei stand auf dem Tisch, niemand stand auf, ohne sich hindurchgegessen zu haben. Auch den Hirsebrei mussten alle kosten, damit stets Groschen in der Lade klapperten im neuen Jahr.

Das Stroh knisterte, es roch ein wenig nach Stall; der war ja gleich neben der Stube. Nach dem Essen wurden Brot und Salz in das Tischtuch eingeschlagen; der Vater tat es selbst. Die Mutter ging leise hinaus und kam mit einer vollen Schürze zurück. Gleich ließ sie ihre Gaben ins Stroh purzeln: Strümpfe, Handschuhe, einen Rock, für den Jungen ein Paar Stiefel, für den Vater eine neue blaue Schürze. Alles war fein säuberlich in Päckchen mit Namensschild verpackt. Jedem war eine versteckte Walnuss beigefügt, die wie pures Gold leuchtete und sogar noch ein wenig Gold für die Fingerspitzen hergab. „Vergasst ne Stall net", sagte der Vater. Da wurden die Kühe, die Kälber und Schafe beschenkt mit einem Butterbrot, das mit Nusskernen belegt war. Die Tür zum Stall blieb nun offen. Sie sangen die alten Lieder. Es roch nach Weihrauchkerzen, dem schönsten Zopf Angelika, der am Ofen hing, und auch ein klein wenig nach der Tobakspfeife des Vaters (ich glaube, in seine Schürze war keine Nuss, sondern ein Beutel mit Tabak eingewickelt). Der Alte sang nicht immer mit, aber er hantierte mit seiner Pfeife wie mit einem Taktstock, und zuletzt erzählte er von den Weihnachtsfesten seiner Kindheit. In dieser Nacht schliefen sie alle im Stroh, die Mädchen ganz nahe bei der Mutter. Ich weiß, wie kurz die Nacht war, meine Mutter hat es mir so oft erzählt. Ein Kind um das andere wollte wissen, „ob es Zeit sei". Es war noch nichts vom Tag zu spüren, als sie alle mit ihrem Licht, einem einzigen für die Familie, zur Metten aufbrachen.

Gleich nach dem Mittagessen durften alle Kinder zu einem Nachbarn gehen, zum Hähnel Edeward. Seit Wochen wussten sie, dass er seine Krippe aufbaute und dass wieder etwas Neues dazugekommen war.

Es war schwer in die Stube zu kommen, so überfüllt war sie; den halben Platz nahm ohnehin die Krippe ein. Die

Kinder standen sich geduldig durch. Mild flackerte das Licht der kleinen Rüböllampen. Die Bergleute, die Bauern, die drei Könige, die Schäfer und die Hirten kamen allesamt zum Christkind. Ein Hirte hatte ein Schäfchen um den Hals gelegt, und ein Bergmann hatte ein Stück Silbererz „Rotgüldenes" in den Händen.

Beim alten Julius ging's mit Elefanten, Löwen und großen, bunten Vögeln an. Beim Schmied war alles gangbar: der Himmel tat sich auf, der große Engel schwebte herunter und wieder hinauf und drehte sich an seinem Faden. Vorn am zinnernen Zaun stand eine Sparbüchse. Wenn sie oft klapperte, sagte der Schmied: „Itze will ich emol e paarn's Wark zeigen" und nahm drei bis vier Kinder mit hinter den Vorhang, an dem er immer stand und hinter dem er gelegentlich verschwand, wenn es unten verdächtig ratzte oder etwas Gangbares „treten" blieb. Beim Nachhausegehen ging jedes einmal ums Häusel. Dort hing das große Treibgewicht zum Fenster hinaus. Man konnte nicht sehen, dass es sich bewegte, aber die kleinen Jungen wussten, wie hoch es zu Mittag gehangen hatte.

Als Schuljunge, vielleicht in der vierten Klasse, begann ich meinen Weihnachtsberg aufzubauen. Jedes Jahr wurde er vergrößert und verbessert, wenigstens lag das in meiner Absicht. Am Anfang war nur ein großer, ausgehöhlter Wurzelsack von einer Fichte dagewesen, in dem unten wie oben zwei Bergleute hackten. Deren Arme waren drehbar und wurden von hinten mit einem Excenter angetrieben. Später kamen ein Stollen dazu, dessen Türe sich vor dem ausfahrenden Bergmann öffnete, und dann eine Wasserkunst, die – wie das ganze übrige Werk – mit einer kleinen Dampfmaschine angetrieben wurde. Meine Mutter wollte mir die „Matscherei" ausreden; aber wer bringt einen Vierzehnjährigen von seinen technischen Ideen ab! Einmal hatte ich Freundschaft geschlossen mit einem Waldarbeiter, einem Steinbacher. Wir hatten ein Winterlager lang bei ihm gewohnt. Er nahm mich mit zu der Waldarbeiter-Weihnachtsfeier. Wir gingen lange durch Gestrüpp und Wald. Wir liefen irre, meinte ich immer, der alte Teubner war aber seines Weges ganz sicher. Endlich hörten wir Stimmen: „Glückauf, Henner, Dav, Hart ..." und wie die alten „Zapfen" alle hießen. Mitten im Wald hatten die rauen, gebirgischen Männer die hohen Bäume gefällt, dass eine kleine Blöße entstand. Auf dem freien Fleck hatten sie eine kleine Fichte stehen lassen, sie mit Kerzen besteckt, und diese Kerzen brannten, die Männer sangen und rauchten, und manchmal machte auch die Angelikaflasche die Runde.

Viel später durfte ich zu den Bergleuten auf „Vereinigt Feld am Fastenberge", kürzer gesagt bei den Johanngeorgenstädter Bergleuten, zur Mettenschicht kommen. Es wurde vorgelesen, gesungen, rau und herzlich, natürlich auch getrunken, dass der Schenk kaum zu eigenem Schluck kam. Viele Zigarren wurden geraucht, die der Bergdirektor mitbringen musste, ein Brauch von alters her. Ich kann die Einzelheiten des bergmännischen Weihnachtsglückes in der Erinnerung kaum noch unterscheiden. Ich sah die herrlichen, erzgebirgischen Schwibbogen unserer Bergleute brennen im Grenzschacht und ließ mir, als die Kerzen flackerten, im Brand von den Tabakswolken ein wenig behindert, des Schwibbogens mild erhellte Geschichte erzählen: Wenn ein Bergjahr glücklich zu Ende gegangen war, hängten ehedem die Bergleute ihre Blenden an den Schwibbogen, den großen, hölzernen Schwebebogen am Stolleneingang. Hat dann nicht ein Bergzimmerling den Schwibbogen auf den Tisch des Zechenhauses gestellt, als der Stollen ausgemauert wurde, und die kleinen Rüböllämpchen aus den Blenden daran befestigt, bis sie später gegen Talglicht ausgetauscht wurden?

Späterhin ließ es den Bergschmied nicht ruhen, auch einen Schwibbogen für die nächste Bergmette zu schmieden. Es hieß, der Berghauptmann käme; und der hölzerne Bogen war schon so abgebrannt. Als ich ihn sah, hat er vielleicht zum zweihundertsten Male gebrannt, der älteste eiserne Schwibbogen von Johanngeorgenstadt.

Tausend Pyramiden brennen um Weihnachten droben in den Bergen. Des Erzgebirgers schönste Weihnachtsstunde ist wohl die, wenn er die Pyramide fertig hat, die Späne von der Schürze schüttelt, Frau und Kinder ruft, die Kerzen ansteckt und der untersten Drehscheibe einen kleinen Stoß gibt:

Im Arzgebirg is's wahrlich schie, wenn's ober stürmt und schneit, un wenn de Peremett sich dreht, is unsre schönste Zeit!

Wie ich of'n Ritterschgrüner Weihnachtsbarg war

Manfred Blechschmidt

An enn Sunnobndnoochmittig sat mei Grußvoter ze mir:
„Viddel, wenn dei Mutter nischt dergegn hot, machen mer
morgn wieder emol e Laabnschie. Mir laafen of dr Ritterschgrü un besanne uns dan grußen Weihnachtsbarg."
Dos war e Frahd! Ich war noch net oft vun derhaam
fortgewaasen. Daaretwaagn warn's mir aah bähmische
Dörfer, wie dos hinter die Barg' aussohch, die üm unnern
Dorf drümrüm warn. Gruße un klaane warn dos, manni-
che warn aah bluß Hutzeln, klaane Hübele. Oder wu se
alle warn, war geleich dr Himmel. Wenn mannichmol e
Zügel verbeigerattert is, dacht ich: „Wu mögn die Schiene
bluß alle sei? Bei de Neger ebber oder ebber gar in dr Lau-
tere?"

„Öb se in dr Ritterschgrü aah esu reden wie mir dohierde?", fröget ich menn Grußvoter. Daar hot gerodnaus ge-
lacht un gesat: „Mach när, Maahrluder! In dr Ritterschgrü
reden se ritterschgrünerisch, un in Cradorf reden se cradör-
ferisch." Nu wusst ich geleich gar nimmer, wie ich dra war.
Mei Mutter sat: „Dos sieht dan Krompel aahnlich. Kaa
Arbet, oder Laabnschie machen." Mei Voter hot ze daare
Zeit kurzgearbet. Er is bezeiten fort un war ze mittig lang
wieder derhaam. „Besser geleiert als gefeiert", haaßet's bei
uns derhaam. Wall's oder wieder nutwennige Handsching
gob, hot mei Mutter feste Handsching genöht. Se hatt vun
daare Handlascherei schu enn ganz runden Buckel. Se hot
nischt weiter gesat, wall se fruh war, miech e paar Stündle
aus de Aagn ze hobn.
Mei Grußvoter hatt mir die Sach vun dan Ritterschgrüner Weihnachtsbarg esu schie ausgemolt, doß ich dr
ganzen Nacht dervu getraamt hob. Klaane Weihnachtsbarg hatt ich schu enn ganzen Haufen gesaah, oder enn
richtign grüßen noch kaamol.

In aller Herrgottsfrüh sei mer lusgeloffen. Mei Grußvoter war mei Tog e alter Frühnickel. Es war daamisch kalt. Wall's oder egal ne Barg nagang, sei mer ball warm worn. Mei Mutter hatt schu Racht: Es war garschtig laafen. Dr Grußvoter hot in enn fort gewannigt: „Eine Gelätt is dos. Dos kimmt bluß vun daare olbern Ruschelei. Verwähnt sei heitzetog de Leit. Kaans will meh ze Fuß gieh." Wie mer bei dr Cradörfer Kirch warn, fing's sachte a ze flaameln. Mer hätt denken könne, dos sei klaane Weißfalle, die drubn in Himmel lusgelossen wurn. Geleich war'sch ümedüm viel neiwaschener.

Menn Grußvoter war vun Bargaufwartslaafen de Luft e wing knapp worn. Dos kam doderva, wall'r egal miet Kallich ausloden musst. „Wart när emol, Viddel, ich muss erscht emol Luft schnappen."

Bei dr grußen Lind, die geleich naabn dr Kirch stieht, sei mer traaten gebliebn. Es war gerod dos Flackel, vun dan mer nei nooch Schwarzenbarg gucken kunnt. Schie war dos! Zwischen dan Geflaamel kunnt mer ganz weit drinne is Schwarzenbarger Schloss un de Georgenkirch liegn saah. Su klaa war dos alles! Gerod esu, als wenn's of enn Weihnachtsbarg wär.

„Grußvoter, guck när emol, wie weit mer dohierde saah ka!", sat ich, doß dr Grußvoter aah ewos derva hätt. Doch daar schnaubet sich de Nos un brummet: „Wos zöhlt dos alles, wenn dr Hut net passt!" Dernooch lachet'r e wing. Ich gelaab, er wollt mer bluß de Frahd net verdarbn.

„Oder schie gewuhnt habn fei die Ritter, hä?", sat ich. „När dan grußen Turm, dan se of ihrn Haus draufgericht habn."

„Die habn schie gewuhnt, do gibt's kaa Gelump. Bluß die dernaabn net", maanet dr Grußvoter un hot sich derbei is Schuhbandel zugekniebelt.

„Grußvoter, ze wos habn dä die dan grußen Turm gebraucht?", wollt ich nu wissen.

Dr Grußvoter überleget. Nort sat'r: „Ich waß net genau, emende daaretwaagn, doß se nei de Töpp vun de Leit saah kunnten."

Wie dr Grußvoter mit seine Schuhbandle in Geschick war, sei mer wettergeloffen. Es gang noch e Stückel ne Barg na un nort of dr Ebn hi.

Wie mer ben Kreizwaag warn, hot's net bluß geflaamelt, aah net bluß geschneit, do hat's ne Schnee schiebelweis runtergehaant. Mer kunnt kaane zaah Schriet weit saah. Ben Laafen hob ich mannichsmol ze menn Grußvoter derhöh geguckt. Dos hat mer Spaß gaabn. Dan hatt's vollgestöbert! Geleich war dr Hans Rupperich draus worn! Ich musst mich ben Laafen ebber e wing meh na'n Grußvoter senn Arm gehängt hobn, denn er sat of aamol: „Tunne dir wuhl de Baa weh?"

„I, kaa Gedank!", sat ich verlaangn un machet gruße Schriet, doß'r denken sollt, es könnt noch gut zaah Stund esu wettergieh. Bei uns hot's ze Weihnachten kaane Paukenschlög' geta. E paar Stamberblümle un e Paar frischbesuhlte Schuh habn gelangt, um wochenlang dervu ze reden un ze traame. Wenn mer durch'n Schnee lahtscht un sieht net viel, ka mer sich dos alles esu schie ausmoln, un mer merkt gar net, doß mer läft.

„Is dos dorten schu de Ritterschgrü?", fröget ich, wie mer wieder e paar Haiser aus dan Schneegestöber vürgucken sohchn. „Dos is Glubnstaa. Dort drübn sei de Felsle, un dos dohierde is dr Glubnstaaner Bahuf. Nu is oder fei nimmer weit ..."

Dr Schnee hot an de Füß gezerrt, hot geworschtelt un gemohln, doß mannichsmol meh rückwarts als vöder gang. Ich kunnt mich net soot wunnern, wie gruß derwaagn de Walt ist.

Mit daare Laaferei wollt's gar nimmer esu racht gieh. An libbsten wär ich wieder ümgekehrt. Mocht doch daar Weihnachtsbarg sei, wu er war. Mir habn de Baa weh geta, un hungrig war ich aah.

Do sat dr Grußvoter: „Hast schu emol e orndtlich Sauschlachten mietgemacht?" Un wall ich nischt soget: „Galle, de wasst gar net, wos dos is? Nu pass när auf, wenn mer vür Weihnachten unnern Englischen Widder schlachten, daar hot seine zaah Pfund. Sei schu de Belgischen Riesen Trämeln, oder na de Widder kumme se net. Wenn mer su enn Hos keppeniert, is dos gerod wie Sauschlachten. Mit su enn Brocken Gutdurchwachsens langt mer über de ganzen Feiertog. Wenn mer dan waarn nei dr Pfann haane, gucken gewieß de Füß noch vorne un hinten raus."

„Mach mer do aah Worscht un Wellflaasch?"

„Nu dos gerod net. Mer waarn fruh sei, wenn e schiener Brocken in dr Pfann rümschwimmt ..."

„Grußvoter, guck när emol. Wu machen dä die Leit zamm hi?" Dr Grußvoter bracht sei Gesicht aus'n Mantelkrogn raus, haanet sich mit dr Hand na dr Störr un schrier: „Sapperment noch emol! Daar Englische Widder brengt enn ganz aus dr Balangse! In aaner Haar hätt mer'sch Trompetel verpasst un warn dra verbeigeloffen. Gung, mer sei do!"

Dra dr Tür vun Arnoldshammer stand aaner in dr Barguneform, verkaaft Billetter un reißet se aah gleich miet o. De Uneform war of Zuwachs berachent. Er hatt de Ärmeln ümgeschlogn, oder trotzdam kunnt mer när de Fingerspitzen saah.

In dan Saal hot's überol gekloppt, geklengelt, geratzt, gescheppert, do hot's gequietscht un gerasselt. Warm war'sch drinne, un e ganzer Haufen Lichter hot gebrannt. Überol hot sich's gedreht un bewegt. Un derzwischennei sei de Leit geloffen, habn när gebischbert, als wollten se die ganze Zauberei net vertreibn. Wu blebbt mer zeerscht stieh, wu guckt mer zeerscht hi? Barg un Peremetten! Peremetten un Barg! Figurn, Lichter, Drahtle! Bargleit un Engele, Farschter, Hirschen un Haiser!

„Grußvoter! Grußvoter, saah när emol dohierde dan schinn Ruschelbarg! Do tunne welliche Stöck raus, hüten ihre Ziegn, klippeln ihre Borten! Grußvoter, Grußvoter ..."

Do gang of aamol e grußer gaahler Stern auf, wur egal größer un größer. Nu zertaalet'r sich. Tausend klaane Lichterle wurn draus. E Peremett drehet sich. De Bargkapell zug auf. Hirten, Schof', Hirschen un Farschter sei durchenannergeschossen. Do is'r, do is dr Ritterschgrüner

Weihnachtsbarg! Esu waach war dos, esu lecht, un de Baa habn mer nimmer weh geta.

Kunnt dä dos sei? Ich hob se vun dr Bargkapell allezamm gekennt. Dos war aah schu e schiener Schlunk! Wu di när ihre Uneforme haar hatten, wu se doch gar nischt mit'n Bargwark ze tu hatten? Ne Seltma-Kürt sei Voter, iech quiek Feier, daar war doch Bahner mit dr ruten Mütz un kunnt gewieß kaa Klarenettel vun dr grußen Trummel ausenannerhalten. Dr Emsel-Schmied, dr Lehrer Dammigmann, dr Neibertbuckel, daar dan stinket'n Ziegnbock hatt. Do saah haar, dr Danel-Mond, daar sist mit Bittling hausiern gang, dr Dancl-Mond blöst ne Bumberdum! Dr Fliegnleim will dirigiern! Dos ka e Gequiek waarn. Daar verstieht doch gar nischt vun dr Musik, kennt kaane Laaf un kaane Trillern! Daar Hund, daar ne Neibert na dr Hus schnuppert, dos is ne Bittner sei Urbis! Gist de haam, Sauluder! wollt ich ruffen. Naa doch, of'n Weihnachtsbarg derf mer doch net rümbleken! Dr Heier-Farschter, oje, dos war e Blekranzen. Daar wür enn Dammig rausreißen, wenn mer ne ebber senn Hirsch vertreibet. Daar hatt schu drübn an aaner Ölpalm de Flint agelegt. Geleich muss enn daamischen Knohl tu. Wu daar oder hizielt! Mitten nei dr Gegnd. Dorten stand gar kaa Wilpert. Oder dos kimmt of enn Weihnachtsbarg miet vür. Doderbei hatt'r, wie egal, enn blanken Troppen unter dr ruten Nos. Daar hot durch die vieln Lichter wie e klaa Edelstaanel gefunkelt. Do häret ich of aamol vun ganz weit haar e tiefe Stimm dreineiorgeln: „Der Junge ist ohnmächtig! – Mann Gottes, merken Sie denn nicht, der Junge stört. Wir wollen dem deutschen Weihnachtswunder nahe sein!"

Do sat mei Grußvoter: „Nu aabn. Daar Gung hot nischt in Mogn. Aah dos gehärt miet zun deitschen Weihnachtswunner!" Un e Walle drauf: „Nu macht'r lang wieder de Aagn auf!" Dr Grußvoter hot mich vun Fansterstock rogehubn un of meine Baa gestellt. Er kunnt's net wissen: Er hatt mich mitten aus'n Ritterschgrüner Weihnachtsbarg nei's Laabn gehubn. Aah dos gehäret miet zen deitschen Weihnachtswunner.

Die Kinderfuhre

Kurt Arnold Findeisen

Im 17. Jahrhundert kannte man im Erzgebirge schon die schöne Sitte, zu Weihnachten auf dem Altar der Kirche, wo sonst das Kruzifix stand, eine holzgeschnitzte Nachbildung eines neugeborenen Kindleins aufzurichten, das die rechte Hand zum Segen ausstreckte. In der Linken hielt es der Überlieferung gemäß einen Reichsapfel als Sinnbild seiner Herrschaft über Land und Meer.

Ein solches Bornkindel wurde seit Jahrhunderten auf dem Altar der hochberühmten Sankt-Wolfgangs-Kirche in der Bergstadt Schneeberg aufgestellt. Es war ein an die zwei Ellen hohes Püppchen aus Lindenholz mit dicken Armen und Beinen und einem prallen Bäuchlein, mit nackten Füßen stand es auf einer Weltkugel und lächelte holdselig aus einem pausbäckigen Gesicht. Da es trotz seiner Jugend am Hals und an der Nase schon ein paar Risse hatte, wurde es alle vier, fünf Jahre von einem Malermeister frisch angepinselt, nachdem es aus der Sakristei, wo es die übrige Zeit in einem Winkel stand, hervorgeholt worden war. Dann folgte wie immer seine weihnachtliche Einkleidung. Über den bloßen Leib wurde ihm ein leinenes Hemd gezogen, das an den Säumen goldgeknüpfte Borten schmückten, darüber ein Mäntelchen aus grünem Taft. Um den Hals bekam es eine Krause, die aus Silberspitzen war. Nach vollzogener Einkleidung war dem Kindlein ohne weiteres anzusehen, wie sehr es sich über die prächtige Gewandung freute; es hielt seinen Apfel jetzt mit besonderem Anstand, und die kleine Hand schien sich gleichsam zum Dank ausstrecken zu wollen.

So war es auch im Jahre des Heils 1669. Dieses Jahr war das Bornkindel in Sankt Wolfgang wieder einmal frisch angemalt worden. Dazu hatte es vom Bürgermeister Wolf Limbecker ein Krönlein aus Perlen gestiftet bekommen und vom Oberbergverwalter August Beuthner, der von schwerer Krankheit glücklich erstanden, einen neuen Spitzenkragen, geklöppelt in der holländischen Art, wie es Frau Barbara Uttmann zu Annaberg die gebirgischen Frauen gelehrt hatte.

Während man nun in Schneeberg die Weihnachtsmette rüstete, da alles Volk, die Großen und die Kleinen, mit brennenden Kerzen zur Kirche kam, um das Bornkindel auf dem Altartisch in seiner neuen Pracht zu bewundern, befand sich der Hammerwerks- und Schwefelhüttenbesitzer Zacharias Schnorr auf Geschäftsreisen, um fällige Geldbeträge einzuholen. Hier und da war ihm das gelungen; noch zahlreicher waren die Fälle, wo die Nachwirkungen des Krieges, der dreißig Jahre lang die Deutschen schlug, seine Schulden in späte, aber um so gefährlichere Nöte hineingerissen hatten, sodass nicht ein lumpiger Pfennig beizutreiben gewesen. Herr Zacharias, der bei aller Geschäftstüchtigkeit ein studierter Mann war (er hatte als junger Mensch etliche Universitäten besucht), zog aus der Gelassenheit seines Gelehrtenstandes den Trost, dass von einem Baum, der abgehauen, eben keine Frucht zu erwarten sei; aus seiner ehrenfesten Gesinnung schoss ihm die Mahnung zu, keinen säumigen Zahler zu bedrängen, sondern sich mit dem zu begnügen, was einer gutwillig zu entrichten bereit war. Am schlimmsten fand er es bei seinem Geschäftsfreund Johann Henning in Hamburg; ja, als er in dessen Haus eintrat, fiel er gleichsam in eine Grube gehäuften Unglücks und jammervoller Hoffnungslosigkeit. Der Geschäftsfreund war vor einer Woche einer Seuche erlegen, vielleicht mehr noch der Last seiner Lebenssorgen, vor drei Tagen war ihm seine Frau von acht unmündigen Kindern weg nachgestorben. Acht unmündige Kinder, drei Knaben, von denen der älteste kaum zwölf Jahre alt war, und fünf Mädchen, davon das jüngste noch in den Windeln lag, fand Herr Zacharias allein zurückgelassen in großem Elend, er erblickte nichts als schreckhaft geweitete Augen unter flachsblondem Haar, hungerblasse Wangen und Lider, von vielem Weinen entzündet.

Da musste er zunächst einmal an seine eigene Ehefrau und an seine eigenen sechs Kinder denken, die aller Vermutung nach gesund und wohlbehalten daheim im geräumigen Hause saßen und sich auf das Weihnachtsgeschenk freuten, das er ihnen mitzubringen versprochen hatte. Als ihm davon mit einem Schlage warm ums Herz wurde, empfand er den Armutshauch, der von den acht Waisen ausging, umso frostiger. Und, indem er seine ferne Hausfrau, die Mutter seiner Kinder, über hundert Meilen hinweg nochmals fest ins Auge fasste und sich dabei nicht des Eindrucks erwehren konnte, sie hätte ihm zugenickt, erklärte er den acht Waisen, sobald er sie mit Speise und Trank versehen, kurzerhand, dass er ihr neuer Vater sei und sie spornstreichs ihrer neuen Mutter zuführen wollte. Er tat sich nach einer Kinderwärterin um, mietete eine stattliche Landkutsche mit einem tüchtigen Pferd, spannte sein eigenes Reitross mit vor, sich selber auf den Kutscherbock und trat die Heimreise an. Unterwegs staunten in Städten und Dörfern die Bewohner nicht schlecht, wenn die Fuhre durchkam.

Wie aber Kinder sich schnell in veränderte Verhältnisse finden und eine weite Reise über Land für sie ohnehin ein unbestrittenes Vergnügen ist, so erheiterten sich die acht Kleinen zusehends und in dem Maße, wie ihre Wangen sich in der Winterluft röteten. Dazu kam, dass ihnen, sobald in Dorf und Stadt die Leute ihre Vielzahl gewahrten, allerhand Nahrhaftes und Nützliches zugesteckt wurde, besonders von Frauen, und je näher das Weihnachtsfest heranrückte, hier ein Teller Suppe, dort eine Hand voll Nüsse und dort gar ein Apfel, der schon für die Feiertage vergoldet war. Herr Zacharias Schnorr, den das wachsende Zutrauen der Verlassenen freute, ließ es, in den Bart schmunzelnd, geschehen.

Je mehr sie sich dem Gebirge näherten, desto winterlicher wurde es. Schnee deckte Weg und Steg, Wald und Flur. Wenn der neue Vater mit der Peitsche an Baumäste stieß, rieselte es herunter wie Häufchen von Salz, aber es schmeckte nicht so. Wenn man hinten am Wagen die Plane hob und die Kapuze neugierig hinaussteckte, gewahrte man, dass die Welt in einen einzigen weißen Pelz gemummelt war und dass von den Hausdächern zuweilen lustige Zapfen hingen, blitzblank wie aus kostbarem Glas. Als sie ein Flusstal entlangzottelten – jetzt lag der Schnee so hoch, dass ein Schlitten wahrlich besser getaugt hätte –, fiel starke Kälte ein, sodass acht kleine Nasen erst rot, dann blau anliefen und acht Paar kleine Füße in einer neuen Lage Stroh fürsorglich verpackt werden mussten. Glücklicherweise ließ die Kälte bald wieder etwas nach. Als sie an einem späten Nachmittag in Schneeberg durch die Schranken fuhren, wirbelten Flocken in tollem Gestöber. So sahen die Bergstädter nicht sofort, was für eine wunderliche Fracht Herr Zacharias herangefuhrwerkt brachte. So gewahrten sie auch nicht, wie sich seine Stirn unter der Mütze arg krauste und wie er, während er nach seinem Haus hinübersah, die Unterlippe im beschneiten Bart nachdenklich hängen ließ. Er vergaß ganz, seine müden Pferde anzutreiben. Der Wagen hielt mitten auf der Straße. Acht unmündige Kinder zu seinen eigenen drei Buben und drei Mädchen, das machte zusammen vierzehn! Vierzehn unmündige Kinder in einer sorgenvollen Zeit! Ob Frau Regina, seine Hausmutter, das auch wirklich gutzuheißen vermöchte?

Da fiel ein voller Glockenton vom Turm von Sankt Wolfgang, und irgendwoher kam vertrauter Gleichklang singender Stimmen: die Bergknappen und Stadtschüler sangen das Fest ein im Umgang von Haus zu Haus. Was sangen sie? Etwa das feierliche „Der Bergfürst ist erschienen", das Herr Zacharias vor allen andern Liedern liebte? Nein, sie sangen ein Lied, das er noch nicht kannte. Aber es hatte etwas Beschwichtigendes, etwas geradezu Lockendes, dieses neue Lied, und überhaupt: übermorgen war Weihnachten!

Damit schnippte Herr Zacharias kurz entschlossen die Peitsche, die Pferde zogen an. Er hielt vor seinem Haus, und schon stand sein alter Buchhalter in der Tür.

„Wir sind daheim!", sagte Herr Zacharias und kletterte rückwärts vom Kutscherbock. Mit einem Schlag fuhren acht neugierige Kinderköpfe unter der beschneiten Plane vor, dazu das verschlafene Gesicht einer ältlichen Jungfrau. Dem Buchhalter blieb der Mund vor Schrecken offen stehen. Und Frau Regina, die Hausmutter, die hinter ihm erschienen war, fragte beklommen: „Was bringst du uns da angefahren, lieber Mann?"

Aber drei Buben und drei Mädchen, eins immer kleiner als das andere, purzelten förmlich die Stufen herunter, umsprangen den Vater, die Rösslein, das Gefährt und verschlangen die fremden Kinder mit strahlenden Augen; sechs Schnorr'sche Buben und Mädchen hüpften von einem Bein aufs andere, klatschten in die Hände und jubelten: „Hast du uns was mitgebracht, Vater? Hast du uns was mitgebracht?"

Worauf Herr Zacharias Schnorr seine Söhne und Töchter an sich zog, seinem Weibe zunickte und zur rechten Stunde das rechte Wort fand, indem er auf das geduckte Häuflein in der Kutsche wies: „Acht Bornkindel! Lauter Bornkindel!"

Die unerwartet starke Zunahme der Schnorr'schen Familie, die nach ihrem Bekanntwerden die alte Bergstadt mit einem wahren Beifallsrausch füllte und nachher in alle gebirgischen Chroniken der Zeit mit großen Buchstaben überging, hatte noch ein freundliches Nachspiel, von dem die Chroniken freilich nichts wissen können.

Als nämlich in der Frühe des ersten Weihnachtstages die Schneeberger nach Sankt Wolfgang strömten, um in althergebrachter Weise früh um fünf die heilige Messe zu feiern und das neu geschmückte Bornkindel anzustaunen, erschien auch in seinem prächtig geschnitzten Kirchenstuhl ganz vorn am Altar Herr Zacharias Schnorr mit seiner ganzen Hausgemeinde. Die war diesmal achtzehn Köpfe stark, als da waren vier Erwachsene, nämlich außer ihm und seiner Hausmutter der Buchhalter und die fremde Kindermuhme, und sechs Buben und acht Mädchen, alle, bis auf das Kleinste im Arm der Magd, mit einem brennenden Lichtlein vor dem Leib, alle mit glühenden Bäckchen, alle mit dem glückhaften Schein im Gesicht, den die Weihnachtsstunde verleiht.

Und da jeder Kirchgänger sein Mettenlicht mit sich führte und vor sich auf Betstuhl oder Geländer pflanzte, glich die Säulenhalle, so weitgewölbt sie war, alsbald einem einzigen schimmernden Lichtermeer. Und da die Menschen hin und her wogten, weil jeder das neu bekleidete Bornkindel auf dem Altar betrachten wollte, und weil die Gesänge, die vom Chor klangen, und die alten Lieder, in die alle volltönig einstimmten, die Kirche mit einem starken Atemwind erfüllten, flackerten und hüpften sämtliche Kerzen, und das Bornkindel vorn auf dem Altar schien ebenfalls zu hüpfen und zu tanzen, als freue es sich außer Maßen über das frische Hemdlein, den Taftmantel, die neue Halskrause und das Perlenkrönlein des Herrn Bürgermeisters.

So braucht es nicht wunderzunehmen, dass viele Kirchgänger dieser gesegneten Weihnachtsmette nachher Folgendes gesehen haben wollen: Als Herr Zacharias Schnorr mit seiner Kinderschar unter den Tausenden vor den Altartisch trat und eines um das andere emporhob, damit es trotz des Menschengewühls das bunte Püppchen genau betrachten könnte, habe das Bornkindel jedem der leuchtenden Gesichtlein der Reihe nach zugenickt wie einem richtigen Bruder und wie einer leiblichen Schwester, und es sei da nicht der geringste Unterschied gewesen, ob es sich um ein Schnorr'sches Gesichtlein oder um ein Henningsches aus Hamburg gehandelt habe.

Als die Mette zu Ende ging, klang als letzter Gesang vom Orgelchor auch jenes neue Lied, das Herr Zacharias vor zwei Tagen als aufmunternden Gruß vernommen hatte, als er einen Augenblick mit seiner Kinderfuhre zaghaft gewesen war, vernommen, aber nicht genau gehört. Jetzt verstand er Wort für Wort den Satz, der von Männer- und Knabenstimmen gesungen, vom hohen Chor fiel. Er lautete: „Komm, o komm herein, du Gesegneter des Herrn; warum willst du draußen stehen? Komm, o komm herein!" Da tastete er mit seinen Händen nach den flachsblonden Scheiteln, die ihn, nachdem die Lichter niedergebrannt waren, fast traulicher noch als die dunkleren seiner eigenen

Kinder umdrängten, und eine Träne des Glücks rann ihm über die Wange in den Bart, als er sah, wie mütterlich seine Hausfrau sich zu den fremden Kindern neigte.

Die Gabe der Könige

Aus dem Cranzahler Drei-König-Spiel

Kaspar: Ach, mein herzliebes Jesulein,
               So nimm an die Verehrung mein.
               Mit rotem Gold zeig ich dir an,
               Dass dein Reich ewig soll bestahn.

Balthasar: Ich opfere dir den Weihrauch hier,
               Welcher allein gebühret dir,
               Weil du von Gott bist dargestellt
               Zu einem Priester der ganzen Welt.

Melchior: Nimm hin die Myrrhen, die ich dir schenk!
               Ich bin, wollst mein sein eingedenk,
               Mich führen in den Himmel ein,
               In deines Vaters Reich allein.

               Dieweil wir unser Geschenk haben getan
               Dem neuen König lobesan,
               Wollen wir Herodes zeigen an,
               Dass wir das Kindlein gefunden habn.
               Ehe wir aber solches tun,
               Wollen wir ein wenig ruhn,
               Uns ein wenig schlafen legen.
               Gott sei mit uns auf allen Wegen!

Der gefangene Sternsinger

Siegfried Sieber

Das kann doch die Wirklichkeit nicht sein: Zum Heiligen Abend in der Fronfeste! Im engen, dunklen Gelass auf einer Schütte Stroh! Hungern, wenn's Neunerlei und Stollen daheim gibt; frieren, wenn zu Haus das Holz im Kachelofen knattert? Im Finstern sitzen, wenn Mettenlichter und Engelleuchter überall Kerzenglanz verbreiten? Ein Traum vielleicht? – Ach, wenn die Hände nach dem Lichtloch tasten, spüren sie kalte Eisenstäbe. Und die Schütte Stroh, das ist kein Weihnachtsstroh, wie es in der Heiligen Nacht auf die Stubendiele gebreitet wird.

Noch einmal alles klar überlegen! Wie war's denn gekommen?

Sternsingen waren sie gewesen, schon den ganzen Advent daher. Waren allabendlich umgegangen durchs Dorf, vor die Häuser und in die warmen Stuben, Weihnachtslieder zu singen – Weiter nichts? – Ei wohl: Er selber und die zwei Freunde hatten ihre schönsten weißen Hemden übergezogen, auch hohe Hüte von Pappe aufgesetzt, die mit bunten Sternchen überstreut waren. Auf einer Stange sodann hinter ölgetränktem, durchscheinendem Papier war das Sternlicht vorangetragen worden. Natürlich war noch Hans Rupprich in seinem Zottenpelz mit dem Strohseil um die Hüften und dem Nüssesack auf der Schulter mitgelaufen, unermüdlich seine Glocke schwingend. Die Hirten hatten mit geflochtenen Peitschen geknallt und dem Horn des Nachtwächters lang gezogene Töne abgetrotzt. Die alle und auch das Christkind mit reichem Goldhaar waren junge Burschen und lustige Nachbarn aus dem Niederdorf. Und aufgeführt hatten sie ihr Stücklein, wie's von alters her vor Weihnachten Brauch, wie's zuletzt seine Brüder gehalten und jetzt er als Jüngster auch tat, seit jene verheiratet waren.

Die Anbetung der Hirten hin und her im Dorfe darzustellen, war's denn recht, dass er dafür eingesperrt worden war?

O weh! Mitten ins schöne Weihnachtslied vom Kindleinwiegen war der Herr Amtmann hereingepoltert, hatte mit der Reitgerte an die Haustür geschlagen, dass ihnen der Ton im Munde blieb, und also arg gewettert und gescholten: „Was, ihr abergläubisches Volk! Seid ihr Erzgebirger so weit hinter unsrer aufgeklärten Zeit zurück, dass ihr noch solch urväterisch Zeug, solchen mittelalterlichen Aberwitz treibt? Unser gnädiger Kurfürst hat auf Vortrag der Geistlichkeit befohlen, dass derlei Verstöße wider Religion und gute Sitte streng geahndet werden sollen. Und ihr erfrecht euch, noch immer schlechtes Theater aus der heiligen Geschichte zu machen. Ich werd es euch weisen! – Wer bist du?", hatte der zornige Herr ihn gefragt und er darauf erschrocken und erstaunt geantwortet: „Ich bin der Bergbursche Karl Graupner aus dem Niederdorf."

Im gleichen Augenblick aber waren Rupprich und Christkind, Sternträger, Hirten und Engel wie ein Hui aus der Strumpfwirkerstube hinausgewischt ins stockdunkle Dorf, dem tobenden Gerichtsherrn das Nachsehen lassend. Nur ihn, den Graupner-Karl mit seinem hohen Sternsingerhut aus Zuckerpapier, hatte der aufgebrachte Amtmann festgehalten. Er müsste die Mitspieler alle nennen. Nein, das tat er nicht. Sie waren davongelaufen und hatten ihn verlassen. Trotzdem würde er sie nicht verraten. Da hatte der Amtmann auch die armen Strumpfwirkerleute ausgescholten, dass die Kinder sich ängstlich verkrochen wie vorm Hans Rupprich selber, und war sodann wieder zu Pferde gestiegen und klappernd durchs Dorf geritten.

Andern Tags, als die Frühschicht einfahren wollte, hatte ihn, den Häuer Graupner, der Fronvogt aus dem Huthaus weggeführt, sehr zur Aufregung der Bergleute, die da meinten, ihre bergmännische Freiheit würde verletzt, wenn ein Büttel einen Knappen von der Arbeit hole. Aber das half nichts! Trübselig saß er in der Gefängniszelle. Nur nicht drüber nachsinnen! Schlafen, damit Zorn und Hunger verstummen!

Vor Kälte kroch er in sich zusammen, wandte den Kopf vom Lichtloch ab, seufzte, schloss die Augen und verdämmerte langsam.

Plötzlich kam die Ungewissheit wieder über ihn, ob er wache oder träume. Ganz finster war's jetzt, auch das Fenster unsichtbar. Aber da schob sich doch Lichtschein in den Raum! Der Graupner-Karl schloss störrisch die Augen, fing nur vorsichtig zu blinzeln an, sobald er spürte, dass die Lampe sich wegwandte. Erstaunt fühlte er auf seinen Knien eine schwere warme Decke, und angenehmer Kaffeeduft kitzelte seine Nase. Er träumte sicherlich. Denn da stand ein Engel mitten im Raum, mit blonden Zöpfen und langem Kleid. Geheimnisvoller Schimmer umhüllte die Erscheinung. Bevor der Knappe die Augen gänzlich auftat, war sie leider entschwunden. Aber geblieben war die Decke. Er konnte sie bis zur Brust heraufziehen. Auch ein Blendlämpchen stand am Boden, gerad so aufgestellt, dass er beim Erwachen einen Teller Kartoffelkuchen und einen Becher Kaffee erblicken musste.

Karl schlürfte gierig, biss, ungläubig noch, in den dicken Kuchen. Kein Traum, das mit dem Engel. Neu gestärkt sprang der Knappe auf und lief an seinen vier Wänden entlang. Durch die Eisenstäbe sah er einen Stern. Unentwegt schritt er auf und ab, seine steifen Beine zu vertreten. Indessen brannte die kleine Lampe nieder. Finster war's wiederum. Er tastete zum Stroh und streckte sich missmutig unter die Decke. Nun ertönte das Vesperläuten zum Heiligen Abend feierlich von allen Kirchenglocken. Karl wollte wieder schlafen, um sein Unglück zu vergessen, da drehte sich der Schlüssel im Schloss. Der Fronvogt öffnete und rief räuspernd und bärbeißig: „Komm heraus, Karl Graupner!", fügte aber leise hinzu: „Verrat keinem Menschen, dass ich dich auslass, käme ansonst um Amt und Brot. Aber meine Weibsleut haben mir keine Ruh gelassen; müsste doch heute am Heiligen Abend, wo selbst das Vieh im Stall und das Wild im Wald sein Christnachtfutter kriegt, den armen Sternsinger nicht allein hungern und frieren lassen. Aber halt's Maul und reiß mir nicht aus!"

Der Graupner-Karl brachte vor Überraschung keinen Dank heraus. Aber auf der Zunge lag es ihm, von dem Engel zu erzählen, der ihm vorhin erschienen war! Nein, keiner brauchte von dem Wunder zu wissen, am wenigsten der Fronwärtel. Da lachte ihn höchstens einer aus.

Zusammen gehen sie hinüber ins Haus. Reisig zum Abstreichen liegt vor der Tür. Lichter flackern auf allen Fensternischen. Hell öffnet sich das warme Weihnachtszimmer. Der Tisch ist gedeckt und steht voller Schüsseln und Teller. Im Eck steht die Weihnachts-Pyramide, mit Buchsbaum umwickelt und noch ohne das Geflimmer der Rüböllämpchen. Die Mutter trocknet die Hände am Schürzenzipfel und sagt: „Guten Abend, Graupnerjunge", und hinter ihr – Karl erschrickt – steht der Engel! Wo hat er bloß seine Augen gehabt im Gefängnis? Das war doch das Hannel, des Fronvogts Tochter mit hellem Kleid und blonden Zöpfen. Als Kind hatte er mit dem Hannel gespielt und später das Mädchen geneckt, wenn er als Pochjunge von der Schicht kam. Jetzt wurden sie beide rot.

Indessen nimmt der Vater den silbernen Leuchter aus dem Glasschrank und steckt das Heiligabendlicht auf. Alle stehen um den Tisch, während er mit einem Holzspänel den Docht entzündet. Der Vater betet ein altes Brotsprüchlein. Dann setzen sie sich zum Essen und langen zu vom heiligen Neunerlei. Zum Reden bleibt wenig Zeit, auch mag's der Vater nicht leiden und ist fast unwillig, dass die Mutter den Knappen ausfragt, warum ihn der Amtmann hat einsperren lassen. Aber am Heiligen Abend darf niemand ein böses Wort sagen oder gar zanken. So lässt er's zu, dass die Weiber ihre Neugier befriedigen und sogar über den Herrn Amtmann spötteln, er sei auf Sternsingerjagd gegangen. Plötzlich hört man draußen stapfen. Alle lauschen. Es klopft. Hannel will aufspringen, jedoch der Vater hält sie fest und sagt ernst: „Keiner darf aufstehen, solange das Neunerlei nicht aufgegessen ist. Wer's tut, der muss im neuen Jahr sterben."

Der Gast aus der Fronfeste rückt furchtsam auf seinem Stuhl herum. Jetzt klopft's wieder. „Herein!", ruft der Vater. Da lugt der Herr Pfarrer am Türspalt und nickt mit weißem Kopf. „Schön weihnachtlich", lobt er, indem er vollends eintritt. „Ei, da habt ihr ja auch unsern Graupner." Der Knappe im Arbeitskittel zieht den Kopf ein. Doch niemand rührt sich vom Tische, denn keiner möchte ja so bald sterben. So muss Ehrwürden in seinem langen Pelz auf der Ofenbank Platz nehmen. Von dort hält er eine erbauliche Weihnachtspredigt, untermischt mit gelindem Tadel über die närrischen jungen Leute, die Adventsumzüge machen, und rückt endlich mit seiner Botschaft heraus: „Hab heute den Herrn Amtmann getroffen und sogleich für Karl um Erlass der Strafe ein gutes Wort eingelegt, weil ja heute Heiliger Abend ist. Nun sehe ich, dass ihr's schon wisst und den Karl herausgeholt habt."

Der Fronvogt möchte den Herrn Pfarrer nicht belügen und schweigt.

„Haben ihn halt gleich zum Abendessen dabehalten", antwortet statt seiner das Hannel. Und Karl brummt schönen Dank für den Herrn Pfarrer. Aber keiner steht auf und reicht ihm die Hand. Er geht wieder und schüttelt unwillig den Kopf: „Sind doch rechte Runkse und Toffel, meine Pfarrkinder! Bleiben sitzen wie die Holzklötze", denkt er.

Kaum ist er hinaus, schlägt die Mutter die Hände überm Kopf zusammen, und alle lachen, weil die gefährliche Geschichte so glücklich ausgegangen ist. Wieder löffeln sie herzhaft, und bald ist alles aufgegessen. Danach spricht der Vater das Tischgebet und löscht das Heiligabendlicht. Salz und Brot und der Kerzenstumpf werden ins Leinentuch gewickelt und bleiben die Heilige Nacht über auf dem Tisch.

„Willst nun nach Hause gehen?", fragt der Fronvogt den Knappen. Aber Hannel wendet ein, der Gast müsse zum Bleigießen dableiben. Da geht's bald lustig zu. Der Knappe springt auf den Stuhl und sagt seine Sternsingerrolle auf, erdreistet sich sogar, den Herrn Amtmann nachzuäffen, wenngleich der Fronvogt mit dem Finger droht, er müsse den Spötter wieder einsperren. Hannel bringt eine Schüssel mit Wasser und Bleistückchen. Die lässt sie in einem großen Eisenlöffel schmelzen – und was liegt dann im Waschbecken?

„Zeig her!", sagt der Bergbursche und betrachtet von allen Seiten das seltsame Gebilde: „Ein Bergmann! Hier der Schachthut, vorn die Blende, und die Zacke hinten, die so weit herausragt, das ist deutlich eine Bergbarte. Glaubst du, dass ein Berghäuer dein Schatz wird?"

Hannel sagt nur: „Jetzt kommst du an die Reihe!", und der Graupner-Karl sucht ihre Augen, während er den Gießlöffel übers Feuer hält. Plumps! zischt das Blei ins Wasser. „Ein Engel!", lacht er, „schau hier, die langen Zöpfe, das weite Gewand und in der Hand eine Kerze! Hab ich Recht?"

Hannel freut sich unbändig über seine Deutung. Sie lässt ihm hinter der Waschschüssel ihre Hand und schaut ihm ins Auge, als er flüstert: „Heute hab ich in der Fronfeste von einem Engel geträumt. Nun hat er sich in mein Mädchen verwandelt."

Die Heiligen Drei Könige

Gustav Nieritz

Der so genannte heilige Abend vor dem Feste der Erscheinung Christi – in manchen Gegenden früher das große
Neujahr genannt – war herbeigekommen und zugleich
auch der wirkliche Abend mit seinem Dunkel. Über den
quietschenden Schnee daher trippelten eiligen Schrittes
mehrere kleine Personen. Sie sammelten sich in dem Haus-
flur des Kaufmanns Meier und flüsterten und zischelten
und kicherten heimlich zusammen. Verborgen gehaltene
Laternen und Leuchten wurden angezündet, in deren
Lichte abenteuerlich angeputzte Gestalten sichtbar wurden und Gold und Silber wundersam sich spiegelten.

„Mauschel, klopfe an!", sagte eine halblaute Stimme.
„Herr Meier ist gut, der jagt uns nicht fort."

„Wer klopft?", also fragend, öffnete Herr Meier ein wenig die Tür seiner Ladenstube.

„Es sind die Heiligen Drei Könige mit ihrem Stern,
Sie bringen euch frohe Kunde von unserm Herrn!"
Also ertönte es im Chor.

„Aha!", lachte Herr Meier, „seid ihr schon da? Schön
willkommen! Tretet herein, ihr Majestäten! Und du Friedrich, springst schnell hinauf und holst meine Frau und
Kinder herunter. Solange müsst ihr Herren schon gedul-
den."

Währenddessen betrachtete Herr Meier die Heiligen
Drei Könige und den sie begleitenden Knaben, welcher einen Juden vorstellte und Mauschel gerufen wurde. Balthasar war der König aus Europa, Kaspar derjenige aus Asien
und Melchior der afrikanische Monarch. Letzterer hatte
sein Antlitz sowie die Hände und die Arme bis über die Ellenbogen kohlschwarz gefärbt, sodass er hierin einem ech-
ten Mohren glich. Über einem blauen Turbane befand sich
die goldfunkelnde, gezackte Krone von Pappe und Goldpapier, während unter jenem die schwarzen, natürlich ge-

kräuselten Haare hervorquollen. In den schwarzen Ohr-
läppchen blitzten zwei Goldreife mit weißen, großen
Wachsperlen. Eine gleiche Perlenkette schlang sich um den
nackten Hals. Eine ärmellose, eng anliegende Jacke von
dunklem Tuche umschloss den Oberleib bis zu den Hüften
herab, welche eine Art von faltenreichem Unterrocke, aus
buntem Papier gefertigt, umgab und die Beinkleider bis
zum Knie überdeckte. Die Füße des Mohrenkönigs durfte
man freilich nicht näher betrachten. Sie waren, wie bei dem
prunkenden Pfaue, die schwächste Stelle, und steckten in
ganz gewöhnlichen, derben Lederstiefeln. Dafür nahm
sich umso schöner der übergoldete Bogen nebst dem
Köcher und den darin steckenden Pfeilen auf dem Rücken
des Mohrkönigs aus, der statt eines Zepters in der Hand einen langen Stab mit einem goldenen Sterne trug, welcher
sich bei der leisesten Berührung umdrehte. Das Weiße der
Augen trat wunderhübsch in dem kohlschwarzen Gesichte hervor, desgleichen die frischroten Lippen des Knaben.
Kaspar hatte das Zepter an sich genommen. Eine Auflö-
sung von Nussbraun hatte seiner sonst weißen Haut eine
asiatische Färbung gegeben, die ihn fast unkenntlich machte. Sein blondes Haar war ganz und gar von einer mächtigen Krone verhüllt, welche, außer dem Golde, noch von
Rubinen und Smaragden aus buntem Glase funkelte. Ein
der Krone ähnelnder Stern zierte seine linke Brust, und
sein königliches Kleid enthielt einen solchen Reichtum an
buntem Papiere, dass jede seiner Bewegungen von einem
hörbaren Rauschen und Knittern begleitet wurde. Außerdem trug Kaspars Linke eine bunte Papierlaterne, ein
Meisterstück seines Vetters.

Balthasar, der bescheidene Sohn eines schlichten Holz-
machers, war auch in seiner Rolle als König noch der be-
scheidenste geblieben. Nur ein einfacher, gezackter Gold-
reif saß auf seinem kastanienbraunen Haare. Ein pappener
Brustharnisch, schwarz mit silbernen Rändern und Ver-
zierungen, umgab seinen Oberkörper und die Arme; ein
buntpapierner Rock seine Hüften; an der linken Seite hing
ein deutsches, gerades Schwert. Sein linker Arm hielt

einen pappenen Schild und seine Rechte, statt des goldenen Zepters, einen grünen Palmenzweig. Dennoch nahm er sich mit seinen rosenrot geschminkten Wangen und dem ehrlich deutschen Gesichte am hübschesten unter allen aus.

Vom Mauschel, dem Juden, ist nichts weiter zu erwähnen, als dass derselbe am Kinne einen künstlichen Bart und in den Händen einen Sack und eine Laterne trug.

Bald erschienen Herrn Meiers Frau, Kinder, Mägde und Markthelfer; der Gehilfe stritt mit dem Lehrburschen herum, wer von ihnen im Laden bleiben und die einsprechenden Kunden bedienen sollte; bis endlich der Erstere kraft seiner höheren Würde den Sieg davontrug, worauf der Letztere durch die Glastür hereinlauschte, um wenigstens Bruchstücke zu sehen und zu hören.

Jetzt begannen die Heiligen Drei Könige mit singendem Tone:

„Wir treten herein ohn allen Spott
Einen schönguten Abend geb ihnen Gott!
Einen schönguten Abend, eine fröhliche Zeit,
Die unser Herr Christus hat bereit’t.
Wir sind gezogen in großer Eil,
In dreizehn Tagen zweihundert Meil’;
Da kamen wir vor des Herodes Haus –
Herodes guckte zum Fenster heraus.
Herodes sprach aus falschem Sinn:
Ihr lieben drei Weisen, wo wollt ihr hin?“

Hier trat Balthasar einen Schritt aus der Mitte seiner Gefährten vor und streckte seine Rechte, welche den grünen Palmenzweig von Pappe trug, gravitätisch aus. Seine eigene und des Herodes Rolle spielend, antwortete er:

„Ins Galale (Galiläa), ins jüdische Land,
Da sind wir drei Weisen sehr wohl bekannt.“

Herodes:

> „Ihr lieben drei Weisen bleibt heute bei mir,
> Ich will euch geben Wein und Bier;
> Ich will euch geben Stroh und Heu
> Und will euch halten frank und frei."

Nach diesem Zwiegespräche trat Balthasar wieder zurück, um den Kaspar an seine Stelle zu lassen.

Kaspar räusperte sich etwas verlegen, dann begann er mit etwas schwacher, gedämpfter Stimme:

> „Nein, nein! wir müssen weiter fort,
> Wir sahen das kleine Kindlein dort,
> Das trägt all unsre Sünden,
> Und müssen's darum finden.
> Wir zogen wohl über den Berg hinaus,
> Den Stern sahn wir stehen über dem Haus
> Der Stern leuchtet' uns ins Haus hinein,
> Da war Maria mit dem Kindelein.
> Josephus bei der Krippe saß,
> Kartoffeln zu dem Brote aß.

> Da taten wir rasch unsre Schätze auf
> Und schenkten dem Kinde das Gold zuhauf,
> Dazu, wie bei Königen ist der Gebrauch,
> Teure Myrrhen und köstlichen Weihrauch.
> Da kamen wir auf einen lichten Platz,
> Ei, ei, der eine von uns sieht schwarz wie 'ne Katz!
> Er ist den drei Weisen sehr wohl bekannt –
> Das ist der König aus Mohrenland!"

Jetzt kam die Reihe an Melchior. Keck und stolz trat er auf. Mit fester Stimme begann er vorzutragen:

> „Ich komm aus dem Mohrenland mit meinem
> Pfeil und Bogen;
> Die Herren sehn mich an und glaub'n: es sei erlogen!
> Auf meinem Haupt trag ich den Türkenbund

Und trinke Christenblut; es ist mir auch gesund.
Schwarz, schwarz bin ich,
Die Schuld ist meiner nicht,
Die Schuld ist meiner Kindermagd,
Dass sie mich nicht gewaschen hat.

Hätte sie mich gewaschen mit einem Schwamm:
So wär ich weiß worden wie ein Lamm.
So hat sie mich gewaschen mit einem Lappen,
Drum bin ich schwarz worden wie ein Rappen."

König Herodes (Balthasar):
    „Bist du der König aus Mohrenland,
    So zeig mir deine rechte Hand."

Melchior:
    „Meine rechte Hand? die zeig ich dir nicht,
    du bist ein Schelm – ich traue dir nicht."

Kaspar:
    „Herodes möcht uns gern betören
    Und spricht, wir sollten wieder zu ihm kehren.
    Allein der Engel sagt's, und will es auch glauben,
    Dass er dem Kinde möcht das Leben gar rauben.
    Das Kindlein ist so fromm und gut,
    Drum nimmt's der Herr in seine Hut."

Balthasar:
    „Herodes denkt in seinem Sinn:
    Wenn ich nur reich und König bin!
    Das Kind ist mir ein Ärgernis,
    Drum töt ich's noch – das ist gewiss.
    Doch ihn ereilt ein böser Tod
    Und reißt das Kind aus aller Not."

Die Könige und der Jude:
    „Wir wollen uns wieder wenden –
    Die Elbe geht mit starkem Eis;
    Herr Meier ist sein Name,
    Er treibt den Handel mit allem Fleiß."

Wie Herr Meier, wurden nun auch dessen Gattin, Kinder, Dienstleute und die sonst noch Anwesenden besungen. Als der Kaufmann den Kopf seines Lehrburschen durch die Ladentür hereinspähen sah, forderte er, schalkhaft lächelnd, die drei Könige auf, auch ihn zu besingen. Und diese, gehorsam der Weisung, begannen:

> „Wir wollen uns wieder wenden –
> Die Elbe geht mit starkem Eis;
> Herr Friedrich heißt sein Name,
> Er nascht Rosinen mit allem Fleiß."

Da fuhr der Lehrbursche, sich getroffen fühlend, schamrot und unter dem Gelächter der Anwesenden, schnell in den Laden zurück. Der Jude hingegen blies eine bereitgehaltene Tüte mit gepulvertem Kolophonium durch sein Licht, sodass ein großer Blitz entstand, und sagte in jüdischer Mundart zu den Umstehenden:

> „Die Heiligen Drei Könige, sie gehn nun nach Haus.
> Ihr Weg ist gefährlich, ihr Land ist so weit!
> Wo ist ihr Gold? O waimer! aus dem Kästel ist's raus!
> Drum gebt ihnen Zehrung mit, ihr lieben Leut'."

Und Mauschel öffnete seinen Sack und die Hand, um die Gaben für die Könige zu empfangen, welche schamvoll ihr Antlitz von dem Bettler wegwendeten und im Fortziehen sangen:

> „Der Segen Gottes bleib im Haus,
> Er treib die Plag der Krankheit aus.
> Halleluja stimmt an die Königsschar
> Zu diesem neu erlebten Jahr."

Nicht leicht ist es dem Erzähler geworden, vorstehende Knittelverse, wie solche der Volkswitz den so genannten Heiligen Drei Königen zu Ende des achtzehnten und Anfang des neunzehnten Jahrhunderts in den Mund legte, in ihrer ursprünglichen Gestalt aufzutreiben. Wie tief sie aber in dem Volke wurzelten, geht daraus hervor, dass sie noch nach fast einem halben Jahrhundert, nachdem der Umgang jener Könige längst nicht mehr gestattet ist, in der Erinnerung gar vieler älterer Leute fortleben. Die hier aufgezeichneten Reime sind lediglich nach dem Gedächtnisse eines armen Mannes niedergeschrieben, welcher als Knabe einst in der Rolle des Königs Balthasar sich reich und glücklich dünkte.

Und sie taten ihre Schätze auf – die Heiligen Drei Könige nämlich, als sie am Spätabende in Kaspars Kellerwohnung zurückgekehrt waren – und förderten aus dem Sacke Mauschels hervor – zwar nicht Gold, Myrrhen und Weihrauch – wohl aber Semmeln, kleine und größere Würste, Weißbrötchen, Äpfel, Nüsse, Pfefferkuchen, ja sogar Pfeffergurken, die im Vereine mit einigen sauren dem Sacke einen herzhaften Wohlgeruch mitteilten; ferner Heringe, Zwiebeln, Mohnhäupter, Kienbündel, Butterstollen-Stückchen, kleine Tüten mit Kaffee, Zucker, Ingwer, Pfeffer und Salz sowie andere Dinge mehr. Selbst einen Feuerrüpel von gebackenen Pflaumen und buntscheckigen Hanswurst hatte die Laune der Geber dem Sacke einverleibt, dessen Inhalt unter stets erneutem Freudengeschrei hervorgeholt wurde. Aber auch klingende und runde Erkenntlichkeiten hatten die von den Königen Angesungenen geopfert. Als Mauschel seine Westentasche auf dem Tische ausleerte, vergaß man über dem verführerischen Anblicke größerer und kleinerer Silbermünzen, dem nur wenige Kupferstücke beigemischt waren, fast der übrigen Gaben.

Auf die selig machende Geburt unsers Erlösers Jesu Christi

Paul Fleming

Taue doch, o Himmel, taue!
Brecht, ihr Wolken, regnet her,
Dass man den Gerechten schaue,
Dessen nun nicht ohn Beschwer
Die betrübte Welt so lange
Sich versieht und ihr macht bange!

Ja, es träufelt, ja, es tauet,
Der gesunde Regen fällt.
Schauet hin, ihr Menschen, schauet:
Dort, dort liegt das Heil der Welt.
Dies Kind ist der Tau, der Regen,
Der die Erde soll bewegen.

Deucht mich's oder ist's im Wesen,
Wie das Land schon weit und breit
Von der Unart ist genesen
Durch die fromme Feuchtigkeit,
Wie dass Täler, Feld und Höhen
Schon in schönerm Schmucke gehen?

Sei, gewünschte Nacht, gegrüßet,
Da der keusche Jungfernmund
Einen jungen Sohn geküsset,
Eh sie ihn recht sehen kunnt',
Einen Sohn, den sie mit Rechte
Doch wohl Vater heißen möchte!

Unser Himmel ist im Stalle.
Recht so, Hirte Sybotus,
Dass du mit der Pfeifen Schalle
Ihm verehrest deinen Gruß!

Bei der Engel lauten Chören
Lassest du dich billig hören.

Fleug, gemalter West, und streue
Aus dem Blumen-Himmel Klee!
Dass die Luft Narzissen speie,
Lilien für den weißen Schnee,
Dass das Kind als in der Wiege
Und in hellen Windeln liege!

Ihr, ihr eingestallten Tiere,
Haucht ihm warmen Atem zu,
Dass es keine Kälte rühre!
Stört es nicht aus seiner Ruh!
Jungfrau Mutter, denk indessen,
Dass du Amme bist, und wessen!

Oh, ihr hochgelobten Krippen,
Unser's Heilands Schirm und Rast,
Und o Stall, dass du nicht Lippen,
Dass du doch nicht Zungen hast,
Dass du selbsten könntest singen,
Von den wundersamen Dingen!

Kleiner Gast, doch auch zugleiche
Großer Wirt der weiten Welt,
Gib doch künftig unserm Reiche,
Dass es sich zufrieden stellt,
Dass doch mit dem alten Jahre
Hin auch alle Plage fahre!

Segne künftig unsre Linden,
Uns're halbgestorbne Stadt,
Dass sich möge wieder finden,
Was der Krieg verderbet hat!
Reinige die faulen Lüfte,
Die so schwanger sein mit Gifte!

Nachwort

„Gib der ganzen Christenschar Frieden und ein sel'ges Jahr" beschloss vor rund 350 Jahren Christian Keimann (1607–62), Rektor am Gymnasium in Zittau, sein bekanntes Weihnachtslied „Freuet euch, ihr Christen alle, freue sich, wer immer kann." Bis in den Dreißigjährigen Krieg hinein reichen die Zeugnisse weihnachtlicher Dichtung aus Sachsen, dem Land, das der Krieg besonders schwer heimsuchte. In seiner Neujahrsode auf das Jahr 1633 klagt Paul Fleming: „Deine Dörfer sind verbrannt,/ deine Mauren umgerannt,/ deine Bürger sind verzagt,/ deine Bauren ausgejagt./ Aller Vorrat ist verzehrt,/ alle Kammern ausgeleert,/ Alle Kästen sind besucht,/ Unsre Schätze hat die Flucht./ Du vor aller Güter reich,/ Bist itzt einer Witben gleich;/ Wir die Waisen sind erschreckt/ Und mit Kummer ganz bedeckt." Die Ode klingt aus mit der Bitte „Kann es sein, so gib uns Rast, Der du alles kannst und hast! Friedenfürst bist du genannt; Bring du uns in Frieden-Stand ... Weg ihr Sorgen, weg Gefahr: Itzund kommt ein neues Jahr!"

Beide Barockdichter lebten während der Zeit des Dreißigjährigen Krieges. Möglicherweise noch älter als ihre Verse sind die der drei Könige aus dem Cranzahler Drei-König-Spiel, von denen man annimmt, dass sie aus der Zeit vor 1630 stammen.

Die Weihnachtsspiele, zu denen es gehört, hatten sich im Laufe der Zeit aus den Jesugeburtsspielen, die in den Kirchen aufgeführt worden waren, um die Christgeburt zu verdeutlichen, und den Weihnachtsumzügen entwickelt. In Sachsen hatte sich eine besondere Vielfalt an Formen herausgebildet. Alfred Müller hat in „Die sächsischen Weihnachtsspiele" (1930) Bescherungsspiele, „Engelscharen" und „Königscharen" genannte Spiele und Mettenfeiern aufgezeichnet. Außerdem nennt er Advent- und Herodesspiele. Beliebt waren im Erzgebirge die Engelscharen – der Name rührte von den zahlreichen weiß gekleideten

Mitspielern her – und die Königschar genannten, wegen der Gesellschaft, die mit den drei Königen umzog. Während bei der „Engelschar" eine Verschmelzung von altem Christgeburtspiel beginnend mit der Herbergssuche bis zur Hirtenanbetung, seltener bis zum Kindermord und der Flucht, vorlag, war bei der „Königschar" das Christgeburtspiel mit dem Dreikönigspiel vereint. Die Engelscharen liefen zumeist bis Neujahr, die Königscharen erst von da ab.

Während man diese Form der Weihnachtsspiele auch im angrenzenden Thüringen und Schlesien kannte, war die Form der Weihnachtsberge, wie sie im sächsischen Erzgebirge aufgebaut wurden und werden, einmalig in Europa.

Ursprünglich dienten diese vornehmlich von Berginvaliden hergestellten Berge, wahre technische Kunstwerke, der Darstellung des Bergmannslebens, ebenso wie die „Buckelbergwerke", rechteckige Schaukästen, die auf dem Rücken herumgetragen wurden und die man für ein geringes Entgelt auf Jahrmärkten und in Schulen vorführte. Gustav Nieritz (1795–1876) beschreibt so ein Bergwerk in seiner Erzählung „Der Bettelvogt oder die drei Bleikugeln". Dort heißt es: „So kam der Weihnachtsheiligabend heran ... Er wollte sich selbst eine große Weihnachtsfreude bereiten, indem er die letzte Hand an sein neues Bergwerk legte.

Die Kinder und unter ihnen Karl umstanden mit fröhlichen Blicken das gelungene Kunstwerk, das ihnen zuerst und gleichsam als Christbescherung gezeigt werden sollte ... Der einstige Bergmann hatte sich selbst übertroffen und ein Werk geliefert, das ihn mit Stolz und Freude erfüllte und jedenfalls Aufsehen machen musste. Als habe er Fremde vor sich, öffnete er unter einladenden Worten die Flügeltüren des aufgestellten Kastens, das feenhaft blinkende Bergwerk mit seinen vielen kunstreich geschnitzten und bunt gemalten Figuren zeigte sich, und die Musik begann. Oben über dem Bergwerke, auf der Erdfläche, sah man das Huthaus, in welchem die einfahrenden Bergleute erst ihre Andacht hielten. Der dabei die Aufsicht führende

Obersteiger hielt das Gesangbuch in der Linken, während die Rechte sich gemessen nach den Tönen des bekannten Liedes bewegte: „Jesus meine Zuversicht". Dies war gleichsam die Ouvertüre des Schauspiels. An die Stelle des Chorals traten später die Klänge eines ergreifenden Marsches, unter welchem das geschäftige Treiben im Bergwerk selbst begann. Die Häuer fuhren ein und aus; Bergleute drehten oben das Göpelwerk, schafften volle Erzkübel zutage und leere in den Schacht hinab. In dem Stollen handhabten die Arbeiter Fäustel und Schlägel, karrten sie die so genannten Hunde und bohrten, behufs des Sprengens mit Schießpulver, Löcher in das Gestein. Hierauf spielte ein rascher Walzer auf. Bergleute im Sonntagsputz mit ihren Schönen walzten aus dem hellerleuchteten Tanzsaale heraus und nach mehrmaligem Umherschwenken wieder hinein, wobei die Musik schwächer und schwächer wurde und endlich ganz verhallte. Nach einer kleinen Pause nahm sie wieder einen ernsten, schwermütigen Gang an. Als die bevorstehende Schlussszene eingeleitet war, sprang die geheimnisvolle Pforte auf – und der Berggeist zeigte sich in seiner Höhle, aus welcher er sein Hütlein begehrlich hervorhielt."

Erst im Laufe des vorigen Jahrhunderts wurde auch die Christgeburt dargestellt, wurden die Weihnachtsberge zur Krippenlandschaft. Mit großer Kunstfertigkeit wurden die biblischen Szenen durch das Bemühen, mechanische Bewegungsabläufe zu erreichen, verlebendigt. Es entstanden wahre Wunderwerke, die Zeugnis ablegten vom gradezu schöpferischen Weihnachtserleben des Einzelnen. Jeder gestaltete seinen Berg aus seiner ganz persönlichen Umwelt heraus. Der Straßenwärter Bollmer in Neu-Tannenberg bei Limbach mauerte alle Räume seines Weihnachtsberges aus Granitstückchen und Friedrich Emil Krauß, Verfasser von „Weihnachten im Erzgebirge", Begründer der Kraußwerke und Nachfahre eines Hammerschmiedes, wölbte über seinen Weihnachtsberg einen Himmel aus Blech, berichtet der Volkskundler Adolf Spamer in „Deutsche Volkskunst Sachsen".

Seit der ersten Hälfte des 19. Jahrhunderts wurden in erzgebirgischen Städten große Weihnachtsberge, auf denen häufig das ganze Leben Jesu nachgebildet war, in öffentlichen Ausstellungen während der Festtage gezeigt. Der Strumpfwirker Friedrich Nötzel aus Brünlos etwa, ein durch seinen Beruf mit Maschinen vertrauter Mechaniker, schuf an Feierabenden in einem Zeitraum von fast drei Jahrzehnten ein wahres Wunderwerk. Er baute es in einem Nebenraum seines Häuschens auf und gab es zur Besichtigung frei.

In der zweiten Hälfte des 19. Jahrhunderts bildeten sich im Erzgebirge zahlreiche Schnitzvereine, um gemeinsam Schaukrippen zu erstellen, deshalb teilweise auch „Krippenverein" genannt. Sie verpflichteten sich der Traditionspflege. Ihr dienen auch die jährlichen Weihnachtsausstellungen in den großen sächsischen Städten Leipzig, Chemnitz und Plauen, vor allem aber in der Kreuzkirche in Dresden. 1963 besuchten diese Ausstellung, in der alte Werke christlicher Volkskunst aus dem Barock und der Folgezeit – als Wertmaßstab – guter zeitgenössischer Laien- und Volkskunst gegenübergestellt werden, 50000 Menschen. Man möchte damit der alten sächsischen Tradition, das Christfest mit echtem Schmuck sinnvoll zu bereichern, neue Impulse geben und ein Gegengewicht gegen industrielle Massenproduktion und weihnachtlichen Kitsch schaffen.

Christian Rietschel berichtet aus diesen Jahren außerdem, dass „alljährlich Tausende Dresdener am Morgen des Christfestes den Mettengottesdienst in der Kreuzkirche besuchen, bei der die Alumnen des Kreuzchores die Geschichte der Christgeburt in Wort und Bild darstellen." Dabei erschallen die jahrhundertealten Volksweisen, die Schalmeienklänge der Hirten, das Susanni der Wiegenlieder, aber auch die Klänge festlicher Introiten. Professor Dr. Mauersberger, der langjährige Leiter des Kreuzchores, hat sich um die Pflege des volkstümlichen Liedgutes besonders verdient gemacht. Er hat vor allem die alten Traditionen, zumal durch das Christmettenspiel, lebendig gemacht, zu dem ihm sein Ortspfarrer Decker, später Oberkirchenrat in Dresden, den Text schrieb. „Mauersberger fügte in das schlichte Spiel der Christgeburt die schönen weihnachtlichen Volkslieder ein und umrahmte sie durch eine ebenso einfache wie eindrucksvolle Bläsermusik. Auf diese Weise wird ein Stück Tradition durch den Kreuzchor lebendig erhalten, das sonst längst in der Vergangenheit versunken wäre."

Vor der Kirche, der größten Stadtkirche Dresdens, findet von alters her der Weihnachtsmarkt, der Striezelmarkt, statt. Ludwig Richter, 1803 in Dresden geboren und Zeitgenosse Wilhelm von Kügelgens, schildert ihn in Zeichnungen und Holzschnitten. Er schuf eine Vielzahl weihnachtlicher Motive, darunter allein über 40 Holzschnitte, teilweise als Illustrationen für den von Gustav Nieritz herausgegebenen „Sächsischen Volkskalender", die bekannte Radierung „Christnacht" für den Sächsischen Kunstverein als Jahresgabe 1854.

Der Dresdener Striezelmarkt gehört zu den ältesten Weihnachtsmärkten in Deutschland, die ursprünglich in der Nähe von Kirchen sich herausgebildet hatten, als Einkaufsmöglichkeit u. a. für Dienstboten, die zum Jahreswechsel ihren Lohn bekamen. Eine Schilderung des Leipziger Weihnachtsmarktes aus dem Jahre 1785 – sie war am 24. 12. im „Leipziger Tageblatt" zu lesen – lässt diesen Sinn noch erkennen: „Der Christmarkt geht drei Tage vor dem Feste an. In diesen Tagen sind auf dem Markte große und kleine Buden aufgebaut, die abends illuminiert werden und ein schönes Schauspiel von sich geben. Hier steht eine Bude mit allerlei Spielsachen für Kinder, als Bäume, Häuser, Gärten, Kutschen, Schlitten und dergleichen. Neben diesen sieht man Schränke, Tische, Stühle, Betten, Canapees und andere Tischlerarbeiten. Hier steht eine Bude voll Zinn, da eine voll Silber, hier wieder eine voll Galanteriewaren."

Leipzig, wichtiges Zentrum in Sachsen, war gut 50 Jahre vor diesem Bericht zur Weihnacht 1734/35 Schauplatz eines großen musikalischen Ereignisses, an das noch heute und auch in Zukunft viele Aufführungen in Deutschland und weit darüber hinaus erinnern. – Beginnend am 25. Dezember 1734 wurde zum ersten Mal das Weihnachtsoratorium von Johann Sebastian Bach – seit 1723 Thomaskantor und Musikdirektor in Leipzig – teils zu St. Thomas, teils in St. Nikolai aufgeführt.

Dreihundertfünfzig Jahre später war vor allem die Kirche St. Nikolai in Leipzig wieder in aller Munde. Anfang September 1989 demonstrierten hier erstmals hunderte von Menschen vor der Kirche für mehr Freiheit. An den anschließenden Sonntagen trafen sie sich in der Kirche zu Friedensgebeten. Mit der Aufführung der 9. Symphonie von Beethoven und dem Schlusschor „Freude schöner Götterfunken" unter Leitung des Leipziger Kapellmeisters des Gewandhausorchesters Kurt Masur, übertragen in der DDR und der Bundesrepublik, fand das Gemeinsamkeitsgefühl der Deutschen an der Jahreswende seinen schönsten Ausdruck. Fast vier Jahrzehnte lang existierte das Land Sachsen nicht mehr, das Land, das wie kaum ein anderes mit seinen Erzeugnissen, vor allem erzgebirgischer Weihnachtskunst, andere Länder bereicherte.

Zahlreich ist die Literatur, die vor allem das „Weihnachtsland Erzgebirge" mit seinem Brauchtum, eng verknüpft mit dem Bergbau, näherbringt und seine Formen und Ausprägungen erklärt. Hier konnte nur Weniges angesprochen werden als Ergänzung zu den Weihnachtsgeschichten, die aus einer großen Vielzahl ausgewählt wurden. Auch für sie gilt sicherlich, was Adolf Spamer, der sich wie kaum ein anderer Volkskundler mit weihnachtlichem Brauchtum befasste und der von 1932 bis 1936 als Professor in Dresden und später wieder von 1947 bis zu seinem Tode 1953 dort lebte, schrieb: „Was sich an Mystik und Sehnsucht, Fernweh und Heimatliebe, an grübelndem Sinn und eigenbrötlerischem Wollen in sächsischen Herzen angesammelt hatte, fand seine Gestaltung im außerberuflichen Gelegenheits- und Feierabendschaffen, seine sinnfälligste Entfaltung im schöpferischen Weihnachtserleben."

Gundel Paulsen

Quellenangaben
und biographische Daten

Charitas Bischoff: *Christrosen*
Aus „Bilder aus meinem Leben", G. Grote'sche Verlagsbuchhandlung, Berlin 1938.
Charitas Bischoff wurde am 7. 3. 1848 in Siebenlehn in Sachsen geboren. Ihre Eltern, Naturkundler, unternahmen weite Wanderungen und Reisen, um Pflanzen und Tiere zu sammeln und aufbereitet u. a. an Apotheken zu verkaufen. Nicht immer konnte das Kind diese beschwerlichen Touren mitmachen und musste bei fremden Leuten untergebracht werden. Fünfzehnjährig – die Mutter wurde von dem Hamburger Großkaufmann Godeffroy nach Australien geschickt und nach Rückkehr Kustos an seinem Museum – kam Charitas Bischoff bei einer Hamburger Familie unter. Später lebte sie als Frau eines Pastors in Nordschleswig. Sie starb am 24. 2. 1925 in Blankenese.

Manfred Blechschmidt: *Wie ich of'n Ritterschgrüner Weihnachtsbarg war*
Aus „Behüt eich fei dos Licht", Ein Weihnachtsbuch des Erzgebirges, herausgegeben von Manfred Blechschmidt, VEB Friedrich Hofmeister, Leipzig 1973, 2. Aufl.
Manfred Blechschmidt wurde am 17. 9. 1923 in Bermsgrün als Sohn eines Technikers geboren. Er besuchte die Volksschule und erlernte anschließend den Beruf eines Waldarbeiters. 1950 absolvierte er die Fachschule für Forstwirtschaft in Tharandt und wurde danach Revierförster und Forsteinrichter. Seit 1954 war er Direktor der Volkshochschule in Aue, seit 1984 ist er freischaffender Schriftsteller. Er schrieb vor allem Erzählungen in Mundart, gab mehrere Anthologien heraus und veröffentlichte Landschaftsschilderungen und Lyrik. Sein Werk wurde mit etlichen Preisen ausgezeichnet.

Die Gabe der Könige
Verse aus „Drei-König-Spiel aus Cranzahl", aufgezeichnet in „Die sächsischen Weihnachtsspiele nach ihrer Entwicklung und Eigenart" von Alfred Müller, Verlag Friedrich Brandstetter, Leipzig 1930.
Die „Königscharen" genannten Weihnachtsspiele, zu denen das aus Cranzahl gehört, waren im Erzgebirge wohl am verbreitets-

ten. Sie beginnen zumeist mit der Herbergssuche und enden mit der Flucht, seltener mit der Heimkehr aus Ägypten. Das Cranzahler Spiel – Müller vermutet seine Entstehungszeit vor 1630 – zählt von Sprache und Darstellungsweise zu den schönsten.

Kurt Arnold Findeisen: *Die Kinderfuhre*
Aus „Es kommt ein Stern gezogen", © by Union Verlag, Berlin.
Kurt Arnold Findeisen wurde am 15. 10. 1883 als Sohn eines Bergbeamten in Zwickau geboren. Er besuchte in Schneeberg das Lehrerseminar, studierte in Jena und war dann Volksschullehrer in Plauen und Dresden. Den Ersten Weltkrieg machte er als Krankenpfleger mit. Von 1925 bis 1933 war er ständiger Mitarbeiter des Mitteldeutschen Rundfunks, wo er den Schulfunk leitete. Nach 1933 lebte er als freier Schriftsteller in Dresden, wo er am 18. 11. 1963 starb. Er gehört zu den exponierten Vertretern sächsischer Heimatdichtung. Neben Lyrik, Romanen und Erzählungen schrieb er Bühnen- und Hörspiele.

Paul Fleming: *Auf die selig machende Geburt unsers Erlösers Jesu Christi (Gedicht)*
Entnommen aus „Deutsche Barocklyrik", nach Motiven ausgewählt und geordnet von Dr. Martin Sommerfeld, Junker und Dünnhaupt Verlag, Berlin 1929.
Paul Flem(m)ing wurde am 5. 10. 1609 als Sohn eines lutherischen Pastors in Hartenstein im Vogtland geboren. Er besuchte die Stadtschule in Mittweida und ab 1623 die Thomasschule in Leipzig. Dort studierte er ab 1629 Medizin und Philosophie. 1633 schloss er sein Studium mit dem Magister artium ab. 1631 wurde er zum Dichter gekrönt. Angeregt war er zum Dichten durch die Begegnung mit Opitz und Olearius. Um Krieg und Pest zu entkommen, machte er weite Reisen. 1640 starb er am 2. 4. in Hamburg. Paul Fleming zählt zu den bedeutendsten Dichtern der deutschen Barocklyrik.

Gustav Freytag: *Weihnachtsvorbereitung in der Parkstraße*
Aus „Die verlorene Handschrift" (3. Buch, 1. Kapitel, gekürzt), Verlag Th. Knaur Nachf., Berlin und Leipzig 1923.
Gustav Freytag wurde am 13. 7. 1816 als Sohn eines Arztes und Bürgermeisters in Kreuzburg in Oberschlesien geboren. Er besuchte ab 1829 das Ölser Gymnasium und studierte deutsche Philologie von 1835, zunächst in Breslau – sein Lehrer dort war Hoffmann von Fallersleben –, dann in Berlin bis zur Promotion 1838. Im Jahr darauf habilitierte er sich an der Universität in Breslau, an

der er 1843 aus politischen Gründen seine Lehrtätigkeit nicht fortsetzen konnte. Er übersiedelte 1847 nach Dresden und ging im Jahr darauf nach Leipzig, wo er Mitherausgeber der liberalen politischen Wochenschrift „Die Grenzboten" wurde. 1851 zog er sich auf seine Besitzung nach Siechleben bei Gotha zurück, wurde 1854 Gotha'scher Hofrat und 1867 thüringischer Abgeordneter der nationalliberalen Partei im Norddeutschen Reichstag. Im Krieg 1870/71 weilte er als Begleiter und Berichterstatter des Kronprinzen Friedrich von Preußen in dessen Hauptquartier. Seinen Lebensabend verbrachte er in Wiesbaden, wo er am 30. 4. 1895 starb. Sein schlesischer Kaufmannsroman „Soll und Haben" sowie sein kulturgeschichtliches Werk „Bilder aus der deutschen Vergangenheit" und der nachfolgende Romanzyklus „Die Ahnen" sind seine bekanntesten Werke. Schauplatz des Romans „Die verlorene Handschrift" ist Sachsen, häufig Leipzig.

Christian Fürchtegott Gellert: *Dies ist der Tag (Lied)*
Entnommen aus „Deutsche Weihnachtslieder", eine Festgabe von Karl Simrock, unveränderter Nachdruck der Ausgabe von 1865, Wiesbaden.
Christian Fürchtegott Gellert wurde am 4. 7. 1715 als Sohn eines Pfarrers in Hainichen im Erzgebirge geboren. Von 1729 bis 1934 besuchte er die Fürstenschule in Meißen, anschließend studierte er Theologie und Philosophie in Leipzig. 1739 war er Hofmeister in Dresden, kehrte 1741 nach Leipzig zurück und habilitierte sich 1744. 1751 wurde er dort Professor für Philosophie. Er übte starken Einfluss auf Lessing und Klopstock aus und war ein sehr beliebter Volksschriftsteller der Aufklärungszeit. Viele seiner Lieder fanden Eingang in die Gesangbücher der evangelisch-lutherischen Landeskirche. Vor allem seine Fabeln machten ihn zum Lehrer und Bildner der Aufklärungszeit. Christian Fürchtegott Gellert starb am 13. 12. 1769 in Leipzig.

Hubert Gerlach: *Die Puppenstube*
Aus „Emilio und die Klosterfrauen", Evangelische Verlagsanstalt, Berlin 1974.
Hubert Gerlach wurde am 8. 7. 1927 in Dresden-Hellerau geboren. Er lebt in Dresden. Sein schriftstellerisches Werk umfasst Romane, Kurzgeschichten und Hörspiele.

Heinrich Giesen: *Herrnhuter Weihnacht*
Aus „Evangelische Weihnacht", herausgegeben von Hanns Lilje,
Furche-Verlag, Berlin 1938.
Heinrich Giesen wurde am 10. 9. 1910 in Barmen geboren. Er war
Studentenpfarrer in Bonn, Aachen und Köln, seit 1950 General-
Sekretär des Deutschen Evangelischen Kirchenbundes in Fulda
und dann Direktor der Berliner Stadtmission. Zu den deutschen
evangelischen Kirchentagen gab er Schriften heraus. Er schrieb
zahlreiche Essays zu kirchlichen Fragen. Heinrich Giesen starb
am 12. 10. 1972 in Hattingen.

Marianne Hamm: *Skandal um Weihnachten*
Aus „Die Nacht ward groß", Der Wegweiser 1957, Schriftenreihe
für die Ost-West-Begegnung, Wegweiser Verlag Troisdorf, herausgegeben vom Arbeits- und Sozialminister des Landes Nordrhein-Westfalen.
Marianne Hamm war 1957 Mitarbeiterin beim „Wegweiser" und
lebte in Bad Godesberg.

Heilig-Obnd-Lied
Entnommen aus „Weihnachtsland Erzgebirge", Husum Druck-
und Verlagsgesellschaft, Husum 1988.
Wohl kaum ein Lied ist im Erzgebirge bekannter und wird mehr
gesungen als das Heilig-Obnd-Lied. Heutzutage hat das Lied eine
Unzahl von Strophen und immer noch kommen neue hinzu. Johanne Amalie von Elterlein, geb. Beuckert, geboren am 27. 10.
1784 in Annaberg, gilt als Dichterin des Heiligabendliedes, das um
1830 entstand. Johanne Amalie von Elterlein, Tochter eines Kauf-
mannes, war seit 1804 in Wolkenstein verheiratet. Sie starb am 20.
11. 1865 in Schwarzenberg. Das Lied wurde erstmals 1836 aufgezeichnet. In den „Wanderungen durch die interessantesten Gegenden des Sächsischen Obererzgebirges" von Lindner wurde es 1844
gedruckt. Daraus wurden hier neun Strophen entnommen. Die anderen entstammen der Vielzahl späterer Zudichtungen.

Kurt Ihlenfeld: *Der Mann und das Kind*
Aus „Ich seh den Stern", Luther Verlag, Witten/Ruhr 1949.
Kurt Ihlenfeld wurde am 26. 5. 1901 in Colmar im Elsass geboren.
Er studierte Theologie und Kunstwissenschaft in Halle und
Greifswald, erwarb 1925 den Dr. phil. und wurde dann Pfarrer.
Von 1933 bis 1945 war er Redakteur der Zeitschrift „Eckart", er
war Leiter des Eckart-Verlags und Gründer des Eckart-Kreises.
Von 1945 bis 1949 lebte er als Pfarrer in Dresden, ab 1950 als frei-

er Schriftsteller in Berlin. Sein Werk – die Herausgabe zahlreicher Anthologien, Erzählungen und Lyrik, Essays und auch kritischen Betrachtungen – erfuhr zahlreiche Auszeichnungen. Kurt Ihlenfeld starb am 25. 8. 1972 in Berlin.

Erich Kästner: *Weihnachtslied, chemisch gereinigt (Gedicht)* und *Ein Kind hat Kummer*
Aus „Gesammelte Schriften für Erwachsene", Atrium-Verlag, Zürich 1969. © by Erich Kästner Erben, München.
Aus „Als ich ein kleiner Junge war" (11. Kapitel), © Atrium Verlag, Zürich.
Die Parodie auf das Weihnachtslied „Morgen Kinder wird's was geben", nach dessen Melodie es gesungen werden kann, wurde seinerzeit vom Reichsschulrat für das deutsche Einheitslesebuch angekauft. Das Berliner Weihnachtslied „Morgen Kinder wird's was geben" (siehe hierzu den Band „Weihnachtsgeschichten aus Berlin") wurde in Sachsen viel gesungen, auch teilweise dem Zittauer Lehrer Karl Gottheb Hering (1769-1853) zugeschrieben.
Erich Kästner wurde am 23. 2. 1899 als Sohn eines Sattlermeisters in Dresden geboren. Er besuchte ein Lehrerseminar, studierte später Germanistik und promovierte zum Dr. phil. Ab 1927 lebte er als freier Schriftsteller in Berlin, veröffentlichte aber nach Schreibverbot im Ausland. Nach dem Krieg bis zu seinem Tod am 29. 7. 1974 lebte er in München. Dort war er Hausdichter der Münchener Kabaretts „Die Schaubude" und „Die kleine Freiheit". Von 1952 bis 1962 war er Präsident des deutschen PEN-Zentrums. Sein Werk, darunter sehr bekannte Kinderbücher, erfuhr viele Auszeichnungen.

Heidi Kaiser: *Vom Weihnachtsberg, der Menschen verändert*
Aus „Erzählbuch zur Weihnachtszeit", Verlag Ernst Kaufmann, Lahr, und Christophorus Verlag, Freiburg 1986, herausgegeben von Heidi Kaiser.
Heidi Kaiser wurde am 21. 4. 1946 in Leipzig geboren. Sie ist Lehrerin und arbeitet als Lektorin und Übersetzerin. Heidi Kaiser verfasste Bilderbücher und ist Herausgeberin und Mitautorin zahlreicher christlich geprägter Anthologien. Sie lebt in Schönau am Königssee.

Karl Friedrich Kautzsch: *Die Feier des Weihnachtsfestes in meinem Geburtsort Cranzahl um 1820*
Aus „Der Quempas geht um", Bärenreiter-Verlag, Kassel 1939.
Karl Friedrich Kautzsch starb 1894.

Friedrich Emil Krauß: *Weihnachten im Erzgebirge*
Entnommen aus „Weihnachtsland Erzgebirge", Husum Druck-
und Verlagsgesellschaft, Husum 1988.
Dr. Friedrich Emil Krauß wurde am 29. 3. 1895 in Schwarzenberg
als Sohn eines Klempnermeisters, des Begründers der „Kraußwerke", geboren. Nach seiner Lehrzeit, Wanderschaft und Abitur
übernahm er schon in jungen Jahren die Fabrik, die führend in der
Hausgerätebranche wurde. Nach der Rückkehr aus der Internie-
rung und dem Verlust seines Werkes arbeitete er in Wetzlar als In-
dustrieberater. Friedrich Krauß starb 1977. Neben seinem Beruf
förderte er die erzgebirgische Volkskunst und das Brauchtum seiner sächsischen Heimat. Er gab als Privatdrucke Bücher heraus
wie „Weihnachten im Gebirge" und „Das Krippenbuch", außerdem hunderttausende von Liederblättern. Auch er selber schuf
viele Lieder.

Wilhelm von Kügelgen: *Der Strizelmarkt*
Aus „Jugenderinnerungen eines alten Mannes", Verlag Wilhelm
Langewiesche-Brandt, Ebenhausen bei München 1920.
Wilhelm von Kügelgen wurde am 20. 11. 1802 als Sohn des Malers
Gerhard von Kügelgen in St. Petersburg geboren. Einen großen
Teil seiner Kindheit verbrachte er in Dresden. Er ließ sich ebenso
wie sein Vater zum Maler ausbilden, ging 1825 nach Rom und von
1827 bis 1829 nach Russland. Von Dresden aus siedelte er 1833 als
Hofmaler des Herzogs Karl Alexander von Anhalt-Bernburg
nach Ballenstedt über und war später Kammerherr des Herzogs.
Wilhelm von Kügelgen starb am 25. 5. 1867 in Ballenstedt.

Karl May: *Weihnacht!*
Aus „Weihnacht!", Reiseerzählung von Karl May, Karl Mays
Werke IV. 21 (1. Kap. gekürzt), Historisch-kritische Ausgabe für
die Karl-May-Gedächtnis-Stiftung, Greno Verlagsgesellschaft
m.b.H., Nördlingen 1987.
Karl May wurde am 25. 2. 1842 als fünftes Kind eines Heimwebers
in Hohenstein-Ernstthal im Erzgebirge geboren. Er wuchs in
großer Armut auf. Bis zu seinem fünften Lebensjahr war er blind.
Er besuchte die Seminare in Waldenburg und Plauen und war danach Hilfslehrer in Glauchau, später Fabrikschullehrer in Alt-
chemnitz. Wegen Eigentumsvergehen und Betrügereien, teilweise
aus materieller Not, saß er an verschiedenen Orten Freiheitsstra-
fen ab und verlor sein Lehramt. Während der Haftzeit entstanden
erste literarische Entwürfe. 1875 wurde er ständiger Mitarbeiter
des Dresdener Verlegers Münchmeyer, ab 1879 fester Mitarbeiter

der katholischen Familienzeitschrift „Deutscher Hausschatz".
Seit 1883 lebte er in Blasewitz, dann Kötzschenbroda, Nieder-
und Oberlößnitz und ab 1896 in Radebeul. Inzwischen war er auf
dem Höhepunkt seines Ruhmes angelangt, zu dem ihm seine
Abenteuer- und Reiseromane verholfen hatten. Karl May gehört
zu den erfolgreichsten Schriftstellern überhaupt. Besonders die
von ihm geschaffenen Figuren Winnetou und Old Shatterhand
begeisterten seither Millionen. Karl May starb am 30. 3. 1912 in
Radebeul bei Dresden. In seinem dortigen Wohnhaus gibt es heute das Karl-May-Museum. Die Karl-May-Gesellschaft, 1969 ge-
gründet, gibt u. a. jährlich das Jahrbuch der Karl-May-Gesellschaft heraus.

Gustav Nieritz: *Die Heiligen Drei Könige*
Aus „Ausgewählte Volkserzählungen", herausgegeben von Adolf
Stern, Max Hesse Verlag, Leipzig 1906.
Karl Gustav Nieritz wurde am 2. 7. 1795 als Sohn eines Elemen-
tarlehrers in Dresden geboren. Er besuchte dort das Friedrich-
städter Seminar und wurde 1814 Hilfslehrer seines Vaters, später
sein Nachfolger. Von 1841 bis 1864 war er Direktor der Anton-
städter Bezirksschule in Dresden. Seit 1834 gab er Jugendschriften
heraus. Er war der Begründer des „Sächsischen Volkskalenders",
der ab 1850 in „Deutscher Volkskalender" umbenannt wurde.
Gustav Nieritz starb am 16. 2. 1876 in Dresden. Seine Volks- und
Jugenderzählungen, insgesamt mehr als 100, waren sehr beliebt
und viel gelesen.

Ingerose Paust: *Das Fernlenkauto*
Aus „Als Stern uns aufgegangen, Weihnachtliche Erzählungen",
Evangelische Verlagsanstalt, Berlin 1978.
Ingerose Paust, geborene Friedrich, wurde am 22. 5. 1929 in Kuh-
nern in Niedersachsen geboren. Sie lebt in Burgstädt in Sachsen
und war dort zunächst Buchhalterin, später Finanzökonomin. Sie
schrieb Erzählungen, Novellen und Romane.

Gerhard Prager: O *Tannenbaum, o Tannenbaum*
Aus „Unsere Weihnachtslieder und ihre Geschichte" Süddeut-
scher Verlag GmbH, München 1978.
Gerhard Prager, er schrieb auch unter dem Pseudonym Michael
Moll, wurde am 1. 2. 1920 in Oberplanitz bei Zwickau geboren. Er
studierte Theaterwissenschaft und Literaturgeschichte. Zunächst
war er Dramaturg am Schauspielhaus in Stuttgart, ab 1947 Ver-
lagslektor in Lorch und seit 1949 Hauptmitarbeiter am Süddeut-

schen Rundfunk. 1953 wurde er Chefredakteur des Informations-
dienstes „Kirche und Rundfunk" im Evangelischen Presse-Ver-
band für Westfalen und Lippe. Gerhard Prager starb am 17. 7.
1975 in Mainz. Sein schriftstellerisches Werk umfasst neben Lyrik, Novellen und Erzählungen auch Essays und Hörspiele.

Ernst Rietschel: *Das eine Mal im Jahre*
Aus „Jugenderinnerungen", Max Hesse's Verlag, Leipzig o. J.
Ernst Rietschel wurde am 15. 12. 1804 in Pulsnitz als Sohn eines
Handwerkers geboren. Dort besuchte er auch die Schule. Ersten
Malunterricht erhielt er schon früh unentgeltlich bei einem Maler
und Zeichenlehrer, dem er half, Tischdecken und Scheiben für
Prämienschießen zu bemalen. Von 1820 bis 1826 besuchte er die
Kunstakademie in Dresden. Anschließend war er Schüler und
Gehilfe bei Christian Rauch in Berlin. 1832 wurde Rietschel als
Professor an die Kunstakademie nach Dresden berufen. Dort
setzte er in vielen großen Denkmälern und Architekturplastiken
den Stil seines großen Lehrers fort. Ernst Rietschel starb am 21.2.
1861 in Dresden.

Karl Roland: *Die Sünden der ganzen Welt*
Aus „Die heilige Zeit", J. F. Steinkopf Verlag, Stuttgart 1958,
herausgegeben von Bernt von Heiseler.

Josephine Siebe: *Muhme Lenelies und ihre Freunde*
Aus „Oberheudorfer Buben- und Mädelgeschichten" (gekürzt),
Verlag Levy & Müller, Stuttgart 1908, © by Herold Brück GmbH
& Co. KG, Fellbach.
Josephine Siebe wurde am 10. 11. 1870 in Leipzig geboren. Nach
dem Schulbesuch in Halle und Leipzig war sie vorübergehend im
Photogeschäft ihres Vaters tätig. Sie beabsichtigte eine Mal- und
Zeichenausbildung zu durchlaufen, widmete sich aber bald ver-
mehrt ihren schriftstellerischen Neigungen. Ab 1904 war sie viele
Jahre Schriftleiterin der Frauenbeilage des „Leipziger Tageblatts",
später auch des Frauenteils von „Reclams Universum". Nebenher
betätigte sie sich in der Jugendfürsorge und Volkswohlfahrt. Seit
1920 ließ ihre Schaffenskraft nach einer schweren Krankheit zunehmend nach. Nach schwerem Leiden starb Josephine Siebe am
26. 7. 1941 in ihrer Heimatstadt. Der Erfolg ihrer zahlreichen Kinderbücher begann 1908 mit den „Oberheudorfer Buben- und Mädelgeschichten", zu denen sie später drei Folgebände schrieb. Besonders beliebt sind auch heute noch ihre Kasperle-Geschichten.

Siegfried Sieber: *Der gefangene Sternsinger*
Aus „Bergmännische Weihnacht", 2. Folge neuer bergmännischer Dichtung, herausgegeben von der Vereinigung der Freunde von Kunst und Kultur im Bergbau e.V,. Bochum 1953.
Siegfried Sieber, er schrieb auch unter dem Pseudonym Ludwig Bär, wurde am 27. 3. 1885 in Oschatz geboren. Er war Studienrat in Aue. Der Themenkreis seiner Romane, Novellen und Erzählungen entstammt häufig seiner erzgebirgischen Heimat.

Gottfried Unterdörfer: *Die Hirten (Gedicht)*
Aus „Du lebst vom du", Gedichte, © 1959 by Union Verlag Berlin.
Gottfried Unterdörfer wurde am 17. 3. 1921 in Zschornau bei Kamenz als Sohn eines Försters geboren. Ab 1940 besuchte er die Forstschule, wurde Soldat und geriet in Kriegsgefangenschaft. Seit 1949 ist er Forstingenieur in Uhyst in der Oberlausitz. Er schrieb Erzählungen und Gedichte.

Christian Weise: *O höchst-erwünschte Zeit! (Choral)*
Aus „Zittauer Gesangbuch 1843", Schöpsiche Buch- und Kunsthandlung, Zittau und Leipzig.
Christian Weise wurde am 30. 4. 1642 als Sohn eines protestantischen Gymnasiallehrers in Zittau geboren. Er studierte auf Wunsch des Vaters zunächst Theologie in Leipzig, dann aber auch Philosophie, Jura und Medizin. 1668 wurde er Sekretär des Administrators von Magdeburg, 1670 Gymnasialprofessor in Weißenfels. 1678 ernannte man ihn zum Rektor des Gymnasiums in seiner Heimatstadt Zittau, wo er am 21. 10. 1708 starb. Sein umfangreiches dichterisches Werk – Lyrik, Schuldramen und Romane – sollte bürgerlicher Lebensbewältigung dienen.

Max Zeibig: *Peter Borns frohes Weihnachtsfest*
Aus „Stille Nacht, heilige Nacht", Heft 1, Peter Borns frohes Weihnachtsfest u. a. Erzählungen, Christliche Verlagsanstalt G.m.b.H., Konstanz o.J. (1935).
Max Zeibig wurde am 2. 4. 1889 in Loschwitz geboren. Er war später Lehrer in Bautzen. Max Zeibig schrieb Dorf- und Stadtgeschichten.

Dieter Zimmer: *„Na dann gute Nacht!"*
Aus „Für'n Groschen Brause", Scherz Verlag 1980 (10. Kapitel).
Dieter Zimmer wurde am 19. 12. 1939 in Leipzig geboren. 1953 flüchtete er mit der Mutter über Westberlin in die Bundesrepu-

blik. Bis 1955 lebte er in Baden-Baden, danach bis zum Abitur 1960 in Hannover. Nach seinem Wehrdienst studierte er Germanistik, Publizistik und Zeitungswissenschaft. Anschließend an sein Studium arbeitete er auf dem Bau, am Fließband, als Taxifahrer und am Theater. Ab 1968 ging er als freier Mitarbeiter zum Südwestfunk-Fernsehen in Baden-Baden. Von 1972 bis 2002 war er als Redakteur, Moderator und „heute"-Redakteur beim ZDF tätig. Dieter Zimmer lebt in Wiesbaden. Er veröffentlichte Romane und Sachbücher.

Nikolaus Ludwig Graf von Zinzendorf: *Zum Aufsagen in der Weihnachtszeit*
Entnommen aus „Wir wandern zur Krippe", Evangelische Verlagsanstalt, Berlin 1959.
Nikolaus Ludwig Graf von Zinzendorf und Pottendorf wurde am 26. 5. 1700 in Dresden geboren. Da er seinen Vater, einen sächsischen Minister, früh verlor, wuchs er auf im Hause seiner Großmutter, der Dichterin Henriette Freifrau von Gersdorf auf Großhennersdorf. Von 1710 bis 1716 besuchte er das Hallesche Pädagogium, studierte dann von 1716 bis 1719 auf Anweisung seines Vormundes Jura in Wittenberg. Er bereiste Holland und Frankreich und war von 1721 bis 1727 als sächsischer Hof- und Justizrat tätig. 1722 siedelte er böhmische Emigranten, Reste der alten Brüderkirche, auf seinem Gut Berthelsdorf in der Lausitz an. Es entstand die Herrnhuter Brüdergemeine. 1734 wurde er lutherischer Geistlicher, 1737 Bischof der mährischen Brüdergemeine. Aus Sachsen ausgewiesen, kehrte er 1755 nach Herrnhut zurück. Dort starb Zinzendorf am 9. 5. 1760.

Der Verlag dankt allen Autoren, Rechteinhabern und Verlagen für die freundlichen Erlaubnisse zum Abdruck der Beiträge. In den Fällen, wo die Inhaber der Rechte trotz aller Bemühungen nicht festzustellen oder erreichbar waren, verpflichtet sich der Verlag, rechtmäßige Ansprüche im üblichen Rahmen abzugelten.

Inhaltsverzeichnis

Regionalia im HUSUM TASCHENBUCH

Anekdoten aus Bayern · aus Berlin · aus Brandenburg · aus Hessen · aus Mecklenburg-Vorpommern · aus Ostpreußen · aus Pommern · aus Sachsen · aus Sachsen-Anhalt · aus Schlesien · aus Schleswig-Holstein 1 · aus Schleswig-Holstein 2 · aus Thüringen · vom Militär – **Entdecken und erleben (Reiseführer):** Mecklenburg-Vorpommerns Kunst · Niedersachsens Kunst · Niedersachsens Literatur · Ostpreußens Literatur · Schleswig-Holsteins Kunst · Schleswig-Holsteins Literatur – **Im Gedicht:** Berlin · Niedersachsen · Nordrhein-Westfalen · Schleswig-Holstein – **Humor** aus Schlesien – Schlesische **Kinderreime** – **Kinder- und Jugendspiele** aus Schleswig-Holstein 1 · aus Schleswig-Holstein 3 · aus Westfalen – **Kindheitserinnerungen** aus Berlin · aus Hamburg · aus Köln · vom Niederrhein · aus Ostpreußen · aus Pommern · aus Sachsen · aus Schlesien · aus Schleswig-Holstein · aus Westfalen – **Komponisten** aus Schleswig-Holstein – **Krippengeschichten** aus Deutschland – **Legenden** der kanadischen Indianer · aus Westfalen – **Märchen** aus Mecklenburg · aus Niedersachsen · aus Schleswig-Holstein · aus Westfalen – **Redensarten** aus Hessen – **Aus dem Sagenschatz** der Franken · der Hessen · der Niedersachsen und Westfalen · der Österreicher · der Schleswig-Holsteiner und Mecklenburger · der Schwaben · der Thüringer – **Sagen** aus Baden-Württemberg · aus Franken · aus Mecklenburg · aus Sachsen · aus Schlesien · aus Schleswig-Holstein · aus Südtirol · aus Westfalen – **Schulerinnerungen** aus Franken · aus Hamburg · aus Mecklenburg · aus Niedersachsen · aus Ostpreußen · aus Schleswig-Holstein – **Schwänke** aus Bayern · aus Franken · aus Schleswig-Holstein · aus Schwaben · aus Westfalen – **Sprichwörter** aus Hessen – **Sprichwörter und Redensarten** aus Mecklenburg · aus Schleswig-Holstein – **Plattdeutsche Sprichwörter** aus Niedersachsen – **Weihnachtsgeschichten** aus Baden · aus Bayern · aus Berlin · aus Brandenburg · aus Bremen · aus Franken · aus Hamburg · aus Hessen · aus Köln · aus Mecklenburg · aus München · vom Niederrhein · aus Niedersachsen · aus Oberschlesien · aus Ostpreußen · aus Pommern · aus dem Rheinland und der Pfalz · aus Sachsen · aus Sachsen-Anhalt · aus Schlesien · aus Schleswig-Holstein · aus Schwaben · aus dem Sudetenland · aus Westfalen · aus Württemberg – **Weihnachtsmärchen und Weihnachtssagen** aus Schleswig-Holstein – **Witze** aus Hamburg · aus Mecklenburg · aus Ostpreußen · aus Pommern · aus Sachsen · aus Schleswig-Holstein

HUSUM

HUSUM DRUCK-
UND VERLAGSGESELLSCHAFT
Postfach 1480 · D-25804 Husum